Trip durch
D-A-CH

Deutschsprachige Länder
sehen und verstehen

Internet: www.blackcat-cideb.com
e-mail: info@blackcat-cideb.com

The Publisher is certified by

CISQCERT

in compliance with the UNI EN ISO 9001:2008
standards for the activities of «Design and
production of educational materials»
(certificate no. 02.565)

Redaktion: Elena Tonus
Künstlerische Leitung und Gestaltungskonzept: Nadia Maestri
Computergraphik: Tiziana Pesce
Illustrationen: Giovanni Da Re
Bildbeschaffung: Chiara Bonomi

ISBN 978-88-530-0392-8 Buch + CD
© 2009 Cideb Editrice, Genua

Gedruckt in Italien, bei Stamperia Artistica Nazionale, Trofarello, Turin

Auflage	2	3	4	5	6
Jahr	2011	2012	2013	2014	2015

Vorwort

Kann man motivierende, aktuelle Landeskunde aus D-A-CH auf Niveau A2 anbieten? Diese Herausforderung haben wir angenommen.

Hier unser Ergebnis: eine virtuell-visuelle Reise durch Deutschland, Österreich, die Schweiz und die „Minoritäten" Liechtenstein und Südtirol.
Im Mittelpunkt stehen die Interessen der Zielgruppe (junge Lerner).

Der Trip, zusammengestellt nach geographischen Schwerpunkten, stellt Bundesländer und Kantone in übersichtlichen Doppelseiten mit einer knappen einleitenden Faktenübersicht vor, begleitet von einer berühmten Persönlichkeit. Als geschichtlicher Überblick dient ein lernerfreundliches *Zeitpanorama*.

Alle Texte entsprechen dem Niveau A 2 des Referenzrahmens für europäische Sprachen und sind didaktisiert.
Dabei wird der Wortschatz durch gezielte Übungen gefestigt und erweitert, Kommunikation und Interaktion werden durch Übungstypologien wie *Deine Meinung* oder *Deine Rolle* stimuliert. In *Deine Recherche* wird der Lerner aufgefordert, das geweckte Interesse an D-A-CH selbstständig weiterzuentwickeln und interkulturelle Vergleiche mit dem eigenen Land anzustellen.

Abgerundet werden die Text-und Übungstypologien durch Hörtexte, wie zum Beispiel *Unmögliches Interview*, wo sich u.a. Persönlichkeiten der Vergangenheit mit Star-Ikonen von heute austauschen.

Das Abschlussmodul *Fit mit D-A-CH* greift Themen aus den vorhergehenden Modulen auf, und bereitet in den Fertigkeiten Lesen, Schreiben und Sprechen auf die Prüfung Fit in Deutsch A2 vor. Am Ende gibt es ein D-A-C-H Abschlussquiz zur Endevalutation.

Wir wünschen Lehrern und Lernern viel Spaß bei ihrem Trip durch D-A-CH!

Inhalt

Deutschland: Fakten und Tatsachen

Nationalfeiertag: 3. Oktober (Tag der Deutschen Einheit).

Einwohner: 82,5 Millionen.

Ausländer: 8,9%.

Religionen: Christen 62%, Moslems 3,9%.

Hauptstadt: Berlin.

Währung: Euro.

Telefonvorwahl: +49.

Höchster Berg: Zugspitze 2 962 m.

Flüsse: der Rhein, die Elbe, die Donau.

Seen: der Bodensee, die Müritz, der Chiemsee, der Schweriner See.

Landschaften: die Nord- und Ostseeküste mit Inseln, das Norddeutsche Tiefland, das Mittelgebirge, die Oberrheinische Tiefebene, das Alpenvorland und die Alpen.

Rohstoffe: Stein- und Kalisalz, Braun- und Steinkohle.

Exportgüter: Autos, Maschinen, chemische Produkte.

Häfen: Hamburg, Bremen, Rostock.

Fahrradwege: 40 000 km.

DÄNEMARK

Nordsee

Ostsee

■ **Kiel**

Schleswig-
Holstein

Mecklenburg-
Vorpommern

Hamburg
■ **Hamburg**

■ **Schwerin**

Elbe

Bremen
■ **Bremen**

Niedersachsen

Berlin
■ **BERLIN**

Oder

NIEDER-
LANDE

■ **Hannover**

Potsdam ■

Brandenburg

H
a
r
z

■ **Magdeburg**

Sachsen-
Anhalt

Elbe

Nordrhein-
Westfalen

DEUTSCHLAND

■ **Dresden**

Sachsen

■ **Düsseldorf**

Rhein

■ **Erfurt**

Thüringen

Erzgebirge

Hessen

E
i
f
e
l

BEL-
GIEN

PRAG ■

Wiesbaden
■

**TSCHECHISCHE
REPUBLIK**

Rheinland-
Pfalz

LUXEM-
BURG

■ **Mainz**

Main

B
ö
h
m
e
r
w
a
l
d

■ LUXEMBURG

Saarland

Donau

Bayern

■ **Saarbrücken**

Rhein

■ **Linz**

■ **Stuttgart**

Baden-
Württemberg

Donau

Ober-
österreich

FRANK-
REICH

S
c
h
w
a
r
z
w
a
l
d

Schwäbische Alb

■ **München**

■ **Salzburg**

A
l
l
g
ä
u

Watzmann
▲
2713 m

Bayerische Alpen

Bodensee

Zugspitze
▲
2996 m

Hochgolling
▲
2863 m

Thurgau

Salzburg

Jura

SCHWEIZ

■ **Bregenz**
Vorarl-
berg

Innsbruck

Tirol

ÖSTERREICH

■ VADUZ

Dein **Wörterbuch**

1 Ergänze die Tabelle.

Deutsch	Deine Muttersprache	Weitere Sprache(n)
r Ausländer, -		
r Berg, e		
Exportgüter (*Pl.*)		
r Fluss, ¨e		
r Hafen, ¨		
e Hauptstadt, ¨e		
e Insel, n		
s Klima		
e Landschaft, en		
e Religion, en		
r Rohstoff, e		
s See, n		
die See, -n		
s Meer, -e		

↑ Der Kölner Dom direkt am Rhein

↑ Dresden an der Elbe

Das Oktoberfest in München ↓

Deine **Recherche**

2 Suche auf der Landkarte Deutschlands Berge,
Flüsse, Seen und Inseln.

3 Die Nachbarländer von Deutschland sind

im Norden: ....
im Osten: ....
im Süden: ....
im Westen: ....

4 Deutschland grenzt an 9 Staaten und zwei
Meere. Suche sie auf der Landkarte und bilde
ähnliche Sätze.
Beispiel: *Deutschland grenzt im Norden an die*
Nordsee, an Dänemark und an die Ostsee.

5 Suche entsprechende Infos über dein Land und
mache eine Tabelle.

Viele Grüße von
der Nordseeküste
Friederike und
Franz

⬇ **Die deutsche Ostseeküste**

Niedersachsen

Hauptstadt: Hannover.

Typisch: Industrie (Volkswagenwerke in Wolfsburg), Tourismus in der Lüneburger Heide und an der Nordseeküste.

Wilhelm Busch (1832-1908, Humorist, Zeichner)

↑ Das Rathaus von Hannover und der Maschsee

↖ Akrobatik mit dem Skateboard

Die Yard Skatehalle in Hannover

Die Yard Skatehalle ist ca. 2000 m^2 groß, hat viele Rampen mit verschiedenen <u>Höhen</u> und <u>Schwierigkeitsgraden</u>. Täglich skaten hier Jugendliche, aber auch Erwachsene. Die Halle ist ein wichtiger Teil von Hannovers Sportleben. Da kann man trainieren, neue Leute kennen lernen, Freunde treffen, sich amüsieren und sich zeigen. Natürlich gibt es auch Kurse für Anfänger und Fortgeschrittene. Und <u>Wettbewerbe</u>. Wer ist der beste, schnellste Skater? Die Eintrittspreise sind auch akzeptabel, Fahrer bezahlen 4 Euro, Zuschauer nur 2 Euro.

Deine neuen Wörter

e Höhe, n: Substantiv von *hoch.*

e Schwierigkeit, en: Substantiv von *schwierig≠leicht.*

r Wettbewerb, e: viele machen mit, nur einer gewinnt.

Norddeutschland

Lesen und Verstehen

1 Richtig oder falsch?

		R	F
1	Die Skatehalle ist 2000 m² groß.	☐	☐
2	Die Rampen sind nicht alle gleich hoch und auch nicht gleich schwierig.	☐	☐
3	Die Halle ist nur an Werktagen offen.	☐	☐
4	In der Skatehalle trainieren nur Jugendliche.	☐	☐
5	Die Halle ist ein Treffpunkt für die ganze Stadt.	☐	☐

Junge Dichter und Denker

An einem Sonntagmorgen sitzt Familie Casper in ihrer Wohnung in Hannover beim Frühstück. Nicole soll das Gedicht *Er ist's* von Eduard Mörike <u>auswendig lernen</u>, aber .... sie hat absolut <u>keinen Bock</u> und findet es viel lustiger, den Text in einer Sprechform zu singen. So <u>entsteht</u> die Rap-Sammlung der *Jungen Dichter und Denker*. Als nächstes sind Goethes *Erlkönig* und *Der Zauberlehrling* dran. Die Rapper gehen auch in Schulen und zeigen in einem Rap-Workshop, was man so aus Gedichten machen kann.

Lesen und Verstehen

2 Richtig oder falsch?

		R	F
1	Familie Casper sitzt beim Abendessen.	☐	☐
2	Nicole hat keine Lust, das Gedicht auswendig zu lernen.	☐	☐
3	Nicole lernt das Gedicht beim Singen.	☐	☐
4	Die Rapper halten keine Workshops in Schulen.	☐	☐

> **Deine neuen Wörter**
>
> **auswendig lernen:** Zahlen oder Gedichte im Kopf behalten.
> **keinen Bock haben:** (*Jugendsprache*) etwas nicht tun wollen.
> **entstehen:** etwas Neues fängt an.

Deine Meinung

3 Lernst du auch ungern Gedichte auswendig? Probier es doch mal mit einem Rap.

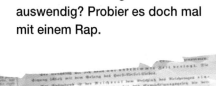

Deutsche Erfindungen

1837 versucht Heinrich Göbel aus Hannover künstlich Licht zu schaffen. 1854 erfindet er die erste Glühbirne.

Norddeutschland

Schleswig-Holstein
Mecklenburg-Vorpommern
Bremen **Hamburg**
Niedersachsen
Berlin
Sachsen-Anhalt Brandenburg
Nordrhein-Westfalen
Sachsen
Thüringen
Hessen
Rheinland-Pfalz
Saarland
Bayern
Baden-Württemberg

Wahrzeichen: Der Michel, der Turm der Michaeliskirche.

Typisch: Stadtstaat und Bundesland, größter deutscher Hafen, viele Parks und über 2500 Brücken.

Angela Merkel, (*1954, seit November 2005 Bundeskanzlerin)

⬆ Der Hamburger Hafen, das Tor zur Welt

Das Hamburger Dungeon

Hamburg: Wasser, Hafen, Schiffe und Werften. Eine Werft ist eine Fabrik nur für Schiffe. Hafen bedeutet auch Handel: Export und Import. Die Waren aus fernen Ländern müssen in besondere Gebäude kommen: die *Speicher*.

In der Hamburger Speicherstadt gibt es viele Museen. Die 5
größte Attraktion ist das Dungeon. Da erlebt man live die dunklen Seiten der Geschichte der Hansestadt. Der Rundgang dauert 90 Minuten. Man fängt bei dem großen Feuer von Hamburg an, es geht weiter mit den Schrecken von Pest und Cholera. Danach die grausame mittelalterliche Inquisition. Im 10
Museum trifft man auch den Piraten Klaus Störtebeker.

Und eine spektakuläre Wasserfahrt zeigt die schreckliche Sturmflut von 1717. 15

Deine neuen Wörter

erleben: sehen, erfahren.

grausam: Menschen oder Tieren etwas Böses tun.

mittelalterlich: aus dem Mittelalter (Zeit vom 10. bis 15. Jahrhundert).

e Sturmflut, en: schlechtes Wetter mit Hochwasser und viel Wind.

Lesen und Verstehen

1 Wo steht das im Text?

		Zeile(n)
1	In den Speichern lagert man die Waren aus fernen Ländern.	....
2	Schiffe baut man auf Werften.	....
3	Alte Speicher sind heute schöne Museen.	....
4	Im Dungeon erlebt man eine Sturmflut.	....
5	Im Dungeon trifft man den Piraten Störtebeker.	....
6	Im Dungeon erlebt man die Geschichte der Stadt in Stationen.	....

BLUE SPARK

Ein Tattoo, warum nicht? Malte, Merle und Christian vom Hamburger Tattoo-Studio Blue Spark machen es möglich.

← Im spektakulären Theaterhaus im Freihafen: die Savanne Afrikas mit Disneys *Der König der Löwen*

Hören und Verstehen

2 HAFENRUNDFAHRT
Richtig oder falsch?

		R	F
1	Auf einer Hafenrundfahrt fährt man durch die Kanäle von Hamburg.	☐	☐
2	Man fährt nicht an den Speichern vorbei.	☐	☐
3	Das Wahrzeichen der Stadt heißt Michel.	☐	☐
4	Der Hafen ist direkt an der Nordseeküste.	☐	☐
5	Hamburg hat fast eine Million Einwohner.	☐	☐
6	Mitten in der Stadt kann man segeln.	☐	☐

Deutsche Erfindungen

Weihnachten 1930: die erste Fernsehsendung, nach 1945 regelmäßig. Der Erfinder? Ein Hamburger: Manfred von Ardenne.

Assoziogramm

1 Welche Wörter verbindest du mit *Handel*?

Handel

↓ Ansicht der Hansestadt Hamburg (16.Jh.)

Handel, Hanse ...

Die Hanse ist eine kaufmännische Organisation und kontrolliert den Handel im nördlichen Europa zwischen 1250 und 1500. Die Stadt Lübeck ist die *Königin der Hanse*. Hier treffen sich im 13. Jahrhundert die ersten Kaufleute mit dem Ziel, gemeinsame Handelsrechte und sichere Handelswege zu erreichen. Später gehören zur Hanse zirka 200 Städte aus vielen europäischen Staaten. Mit der Entdeckung Amerikas und dem Dreißigjährigen Krieg verliert die Hanse ihre Rolle und ihre Macht. Die Autokennzeichen von Hamburg, Bremen und Lübeck, aber auch von Wismar, Stralsund und Rostock, zeigen noch heute ihre historische Vergangenheit: HH heißt Hansestadt Hamburg, HB Hansestadt Bremen, HL Hansestadt Lübeck, HRO Hansestadt Rostock und HW Hansestadt Wismar.

... und Piraten

Im Mittelalter sind Piraten für Seefahrer, vor allem für die Handelsschiffe, eine große Gefahr. Der wohl bekannteste Pirat ist der legendäre Klaus Störtebeker, geboren wahrscheinlich 1360 in Wismar. Die Hansestädte, besonders Hamburg, wollen den Seehandel mit England und Holland vor Piraten schützen.

Am 21. April 1401 gibt es eine Schlacht zwischen der Hamburger Flotte und Klaus Störtebeker. Die Hamburger fangen ihn, bringen ihn in die Stadt und köpfen ihn öffentlich.

← So sah er aus: der legendäre Pirat Klaus Störtebeker

Deine neuen Wörter

s Autokennzeichen, -: jedes Auto hat Buchstaben und Nummer.

e Schlacht, en: ein Kampf zwischen Truppen.

schützen: etwas soll nicht passieren.

Lesen und Verstehen

1 Was ist richtig?

1 Die Hanse ist eine Organisation von
  a ☐ vielen Städten.
  b ☐ Kaufleuten.
  c ☐ Privatleuten.

2 Ein Problem für die Handelsschiffe sind
  a ☐ Piraten.
  b ☐ schlechtes Wetter.
  c ☐ gefährliche Reisen.

3 Zur Hanse gehören
  a ☐ nur deutsche Städte.
  b ☐ viele europäische Städte.
  c ☐ zirka 200 Städte aus Nordeuropa.

4 Störtebeker ist ein
  a ☐ legendärer und gefährlicher Pirat.
  b ☐ Freund der Hanse.
  c ☐ Kaufmann.

5 HH bedeutet Hansestadt
  a ☐ Hamburg.
  b ☐ Holstein.
  c ☐ Hannover.

6 Schon im 13. Jahrhundert erreicht die Hanse
  a ☐ die Sicherheit der Handelswege.
  b ☐ gleiche Rechte für alle Städte.
  c ☐ die Sicherheit der Handelswege und die Gleichheit aller Städte.

7 Lübeck ist die Königin der Hanse, weil
  a ☐ der König und die Königin dort leben.
  b ☐ sie die wichtigste Stadt an der Ostsee ist.
  c ☐ sie die schönste Stadt der Hanse ist.

8 Störtebeker stirbt
  a ☐ im Kampf mit anderen Piraten.
  b ☐ in Hamburg.
  c ☐ auf einer Seereise.

DIE GESCHICHTE DES SAGENUMWOBENSTEN SEERÄUBERS EUROPAS

STÖRTEBEKER

2 DVDS

KEN DUKEN · CLAIRE KEIM · STEPHAN LUCA

← Der Pirat Störtebeker in einem berühmten Film

Dein Wortschatz

2 Bilde zusammengesetzte Wörter mit dem richtigen Artikel. Achtung: Es gibt nicht nur eine Lösung.

Bestimmungswort	Grundwort	Zusammengesetztes Wort
der Handel	*das Schiff*	*das Handelsschiff, das Handelsrecht*
s Auto	r Fahrer	....
r Handel	Leute (*nur Pl.*)	....
e Hanse	s Kennzeichen	....
r Kauf	r Mann	....
r Passagier	*s Recht*	....
e See	e Stadt	....
s Segel	s Schiff	....

Deine Meinung

3 Kennst du Geschichten von echten Piraten? Sind Piraten immer gefährlich oder können sie auch sympathisch und nett sein? Gibt es heute noch Piraten?

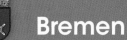

Bremen

Wahrzeichen: Der Roland, eine 10 Meter hohe Statue.
Typisch: Stadtstaat wie Hamburg, berühmt für demokratische Ideen und Toleranz.

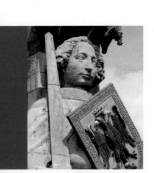

Bremer Roland (1404, Symbol für Freiheit der Stadt)

↑ Eine typische Gasse in der Bremer Altstadt

← Noch berühmter als der Roland: die Bremer Stadtmusikanten

Die Bremer Stadtmusikanten

Vier alte Tiere, ein Hahn, eine Katze, ein Hund und ein Esel, können nicht mehr arbeiten. Ihre Besitzer wollen sie <u>umbringen</u>. Sie laufen von zu Hause weg und treffen sich <u>zufällig</u>. Ohne ein Zuhause diskutieren sie über ihre traurige Zukunft. Der Esel hat eine Idee: nach Bremen gehen und dort Stadtmusikanten werden. Alle sind <u>einverstanden</u>. <u>Unterwegs</u> kommen sie zu einem Haus im Wald. Dort wohnen Räuber. Die vier Tiere machen ein Konzert, aber sie singen so schlecht, dass die Räuber Angst bekommen und wegrennen. Das neue Zuhause ist gemütlich, da gibt es viel zu (fr)essen und zu trinken. Die vier Tiere fühlen sich sehr wohl und bleiben für immer dort.
Und wenn sie nicht gestorben sind, dann leben sie noch heute.

Deine neuen Wörter

einverstanden sein: etwas OK finden, nicht kritisieren.
umbringen: töten.
unterwegs: auf der Reise, auf der Straße.
zufällig: nicht gewollt.

Norddeutschland

Lesen und Verstehen

1 Was ist richtig?

1 Die vier Tiere
- a ☐ wollen
- b ☐ dürfen
- c ☐ können

nicht mehr arbeiten.

2 Die Tiere sind alt und
- a ☐ mutig.
- b ☐ krank.
- c ☐ traurig.

3 Die Besitzer
- a ☐ sind sehr lieb zu den Tieren.
- b ☐ wollen die vier Tiere umbringen.
- c ☐ wollen die Tiere verkaufen.

4 Die Tiere suchen
- a ☐ einen neuen Besitzer.
- b ☐ ein neues Zuhause.
- c ☐ eine neue Arbeit.

5 Sie gehen nach Bremen
- a ☐ in ein Altersheim für Tiere.
- b ☐ in eine Musikschule.
- c ☐ um zu musizieren.

6 In dem Waldhaus wohnen
- a ☐ Piraten.
- b ☐ Familien mit Kindern.
- c ☐ böse Leute.

7 Die Räuber
- a ☐ hören den Lärm nicht.
- b ☐ bekommen Angst.
- c ☐ hören sehr gern Musik.

8 Die vier Musikanten singen
- a ☐ sehr gut.
- b ☐ nicht so schlecht.
- c ☐ furchtbar schlecht.

9 Im Waldhaus gibt es
- a ☐ viel zu (fr)essen.
- b ☐ gar nichts zu essen.
- c ☐ ein Restaurant.

10 Die Tiere
- a ☐ bleiben nur eine Nacht im Waldhaus.
- b ☐ essen viel und gehen wieder weg.
- c ☐ bleiben für immer im Waldhaus.

Dein Wortschatz

2 Wo leben diese Tiere? Trage den Artikel ein. Bilde dann Sätze mit dem Singular und dem Plural wie im Beispiel.

(auf Bäumen   im Dschungel   bei Familien
auf dem Land   in der Luft   im Wald   im Wasser)

Beispiel: *Der Bär lebt im Wald, Bären leben im Wald.*

1 ☐ Delfin, e   ....
2 ☐ Esel, -   ....
3 ☐ Fisch, e   ....
4 ☐ Hahn, ¨e   ....
5 ☐ Hund, e   ....
6 ☐ Katze, n   ....
7 ☐ Löwe, n   ....
8 ☐ Pferd, e   ....
9 ☐ Schwein, e   ....
10 ☐ Vogel, ¨   ....

Deine Meinung

3 Tiere in Märchen symbolisieren oft positive Eigenschaften. Kennst du andere Märchen mit Tieren? Was ist das Thema und welche Rolle spielen diese Tiere?

Deine Diskussion

4 Alle Märchen haben eine Moral. Und das Märchen von den Stadtmusikanten?

1 Auch alte Menschen und Tiere können noch eine Rolle in der Gesellschaft haben und schön leben.

2 Wenn die Lage aussichtslos ist, muss man Mut haben und das Risiko annehmen. Es kann nur besser werden.

Schleswig-Holstein

Hauptstadt: Kiel.

Typisch: Landwirtschaft und Fischerei, Tourismus mit mehr als 13 Millionen Besuchern pro Jahr.

Th. Mann, (1875-1955, Schriftsteller, Literatur-nobelpreis 1929)

⬆ Das Holstentor in Lübeck

Die Halligen

Zehn <u>winzige</u> Inseln, die Halligen, liegen vor dem <u>Festland</u> der nordfriesischen Küste im Nationalpark Schleswig-Holsteinisches Wattenmeer. Das Watt ist ein Ökosystem an der Küste von den Niederlanden bis Dänemark. Der <u>Meeresspiegel</u> ist nie gleich. Sechs Stunden lang steigt das Wasser, sechs Stunden lang zieht es sich zurück. Bei Hochwasser (Flut) <u>verschwinden</u> die Halligen manchmal fast total im Meer. Bei Niedrigwasser (Ebbe) kann man einige Halligen vom Festland aus sogar zu Fuß erreichen. Langeness ist die größte, Habel die kleinste Hallig.

Deine neuen Wörter

s Festland: der Kontinent, *hier*: Europa ohne Großbritannien.

r Meeresspiegel: die Höhe des Wassers im Meer.

verschwinden: etwas ist weg, man sieht es nicht mehr.

winzig: sehr klein.

18

Lesen und Verstehen

1 Weißt du die Antwort?

   1 Wo liegen die Halligen?

   2 Was passiert bei Flut? Und bei Ebbe?

Dein Wörterbuch

2 Ergänze die Tabelle.

Deutsch	Deine Muttersprache	Weitere Sprache(n)
s Festland		
e Insel, n		
e Küste, n		
s Meer, e		
s Wasser, -		

↑ Der Hafen von Lübeck

Hören und Verstehen

3 LEBEN AUF EINER HALLIG
Trage die Infos in die Tabelle ein.

1 Einwohner	
2 Arbeitsmöglichkeiten	
3 Schule und Schülerzahl	
4 Schiffsverbindungen	
5 Schwierigkeiten bei Flut	
6 Freizeitangebote	

Deine Diskussion

4 Möchtest du auch auf einer Hallig leben? Sammle Argumente pro und contra.

Beispiel: *Ich meine, das größte Problem der jungen Leute auf einer Hallig ist…. / Ich glaube, das Schönste auf einer Hallig ist…. Ich möchte dort (nicht) leben, weil…*

↑ Die Kieler Woche: größter Segelsport-Event der Welt und größtes Sommerfest.

Otto Lilienthal,
(1848-96, Erfinder)

Hauptstadt: Schwerin.
Typisch: das Land der tausend Seen. Die Müritz (116 km^2) ist der größte Binnensee, Rügen, mit 930km^2, die größte deutsche Insel.

Reiterparadies im hohen Norden

Mecklenburg-Vorpommern ist seit über 200 Jahren als Pferdeland bekannt. 1822 entstand bei Bad Doberan die erste Galopprennbahn auf europäischem Festland. Und besonders im Herbst haben die 300 Reiterhöfe in Mecklenburg-Vorpommern viele Gäste. Dann sind in den Schulen Herbstferien und es gibt spezielle Reitangebote für Kinder. Man kann wild-romantisch an der Ostseeküste oder gemütlich durch Märchenwälder reiten. Oder bequem in einem Pferdewagen sitzen und, wenn man Lust hat, selbst die Zügel in den Händen halten. Ein eigenes Pony? Diesen Wunsch kann man sich erfüllen ... für sechs Tage!

Lesen und Verstehen

1 Richtig oder falsch?

		R	F
1	Im Sommer haben die Reiterhöfe viele Gäste.	☐	☐
2	Schon seit zwei Jahrhunderten ist Mecklenburg-Vorpommern ein Reiterparadies.	☐	☐
3	Seit 1990 gibt es in Mecklenburg-Vorpommern die erste Galopprennbahn.	☐	☐
4	Man kann an der Küste und im Wald reiten.	☐	☐
5	Leider gibt es keine Pferdewagen.	☐	☐
6	Kinder können auch auf Ponys reiten.	☐	☐

Deine neuen Wörter

s Festland (nur sing.): das Gegenteil zu Insel. Es ist eine große Masse von Land, die eine Einheit bildet.
erfüllen: realisieren.
e Galopprennbahn, en: Pferde galoppieren (rennen) dort.
r Pferdewagen, -: ein Wagen ohne Motor, von Pferden gezogen.
r Reiterhof, ¨e: hier kann man reiten oder reiten lernen.
Wunsch, ¨e: Substantiv von *wünschen*.
Zügel (*nur Pl.*): damit kann man Pferde lenken.

Norddeutschland

← Viele Kinder kennen Hasen, Hirsche oder Rehe nur aus dem Zoo. In der Uckermark in Mecklenburg-Vorpommern leben Wildtiere frei in einem 1000 Hektar großen Naturpark. Besucher können, begleitet von Experten, sie hautnah erleben.

Dein Wortschatz

2 Bilde zusammengesetzte Wörter mit dem richtigen Artikel. Es gibt nicht nur eine Lösung.

Bestimmumgswort	Grundwort	Zusammengesetztes Wort
s Fahrrad	s Angebot	....
r Herbst	*e Ferien*	*die Herbstferien*..........................
s Märchen	r Hof	....
e Natur	e Küste	....
e Ostsee	s Land	....
s Pferd	s Paradies	....
r Reiter	r Wagen	....
	r Wald	....
	r Weg	....
		....
		....

Deutsche Erfindungen

Otto Lilienthal formt künstliche Flügel und erfindet 1894 das erste Flugzeug.

Hören und Verstehen

3 **MIT DEM FAHRRAD AUF RÜGEN**
Richtig oder falsch?

R F

1 Mit einem Fahrrad kann man auf Rügen fast überall hinfahren. ☐ ☐
2 Man muss aber ein eigenes Fahrrad haben. ☐ ☐
3 Busse transportieren auch Fahrräder. ☐ ☐
4 Radfahren ist gesund und umweltfreundlich. ☐ ☐
5 Mit dem Rad kann man die Kreidefelsen nicht erreichen. ☐ ☐

Schleswig-Holstein
Norddeutschland Mecklenburg-Vorpommern
Bremen Hamburg
Niedersachsen
Berlin
Sachsen-Anhalt Brandenburg
Nordrhein-Westfalen **Ostdeutschland**
Westdeutschland Sachsen
Thüringen
Hessen
Rheinland-Pfalz
Saarland Bayern
Süddeutschland
Baden-Württemberg

Berlin

Wahrzeichen: Berliner Bär.
Typisch: Flüsse Spree und Havel, viele Kanäle, kleine Seen und Inseln. Sehr viel Grün.

⬆ Das Brandenburger Tor

Marlene Dietrich, (1901-92, Sängerin und Schauspielerin)

Von Jugendlichen für Jugendliche

In dem Jugendhotel Pension 11. Himmel arbeiten junge Leute mit besten Kenntnissen über Berlin. Sie bieten kostenlose <u>Stadtführungen</u> an und <u>vermieten</u> Fahrräder. Es gibt verschiedene Zimmertypen, die Lage ist zentral. Man bekommt auch ein Frühstück und es gibt keine Extrakosten für Bettwäsche oder Handtücher.

Die YOU-Jugendmesse Berlin: Live-Musik, Sportvorführungen, Jobtipps, Modetrends. Sie findet seit 1999 statt. Mitmachen, <u>Anfassen</u> und Ausprobieren.

Projekt im Kopf, aber keine <u>Kohle</u>? Los zur Youth Bank. In dieser Bank helfen Jugendliche anderen Jugendlichen, Ideen mit wenig Geld zu realisieren. Sie finanzieren mit maximal 400 Euro Projekte von Jugendlichen. Inzwischen gibt es Youth Banks in zwanzig deutschen Städten.

⬅ Für junge Leute mit wenig Geld: ein preiswertes Jugendhotel in Berlin

Deine neuen Wörter

anfassen: man nimmt etwas in die Hand.
e Kohle: (*Jugendsprache*) Geld.
e Stadtführung, en: man besichtigt eine Stadt mit einem Fremdenführer.
vermieten: man benutzt Räder oder Autos und bezahlt pro Stunde oder pro Tag.

Lesen und Verstehen

1 Richtig oder falsch?

		R	F
1	Das Jugendhotel bietet nur Zimmer an.	☐	☐
2	Alle Zimmer sind gleich.	☐	☐
3	Man kann dort auch frühstücken.	☐	☐
4	Das Hotel liegt weit vom Zentrum.	☐	☐
5	Die Jugendmesse hat ein sehr reiches Programm.	☐	☐
6	Man darf auf der Messe nichts selber machen.	☐	☐
7	Die Youth Bank finanziert Projekte von jungen Leuten bis zu einer bestimmten Summe.	☐	☐
8	Die Youth Bank gibt es nur in Berlin.	☐	☐

Dein Wortschatz

2 Welche Erklärung passt?

Zusammengesetztes Wort		Erklärung	
1	☐ kostenlos	a	Man kann sich damit nasse Hände abtrocknen.
2	☐ Stadtführung	b	Es kostet nichts.
3	☐ Bettwäsche	c	Tücher für das Bett.
4	☐ Handtuch	d	Etwas in die Hand nehmen.
5	☐ vermieten	e	Man besichtigt nicht allein eine Stadt.
6	☐ anfassen	f	Etwas für Geld verleihen oder benutzen lassen.

Deine Rolle

3 Drei Themen für ein Rollenspiel. Formuliere mit einem Mitschüler Fragen und Antworten.

1 Du willst in einem Jugendhotel in Berlin schlafen.

2 Du willst zur YOU-Jugendmesse Berlin.

3 Du brauchst Geld für dein Projekt und gehst in die Youth Bank.

Das Messegelände in Berlin am Funkturm →

Berlin

Sehenswertes in Berlin

1. Das Brandenburger Tor mit der Quadriga: Symbol der Stadt.
2. Unter den Linden: eine breite Allee mit historischen Gebäuden und dem Luxushotel Adlon.
3. Der Reichstag: Sitz des deutschen Parlaments.
4. Der Potsdamer Platz: nach der Wiedervereinigung Symbol für hypermoderne Architektur.
5. Die Museumsinsel: Europas größter Museumskomplex mit fünf Museen.
6. Schloss Charlottenburg: Berlins schönstes Barockgebäude.
7. Kreuzberg: Multikultiviertel bei Tag und Nacht.
8. Kaiser-Wilhelm-Gedächtniskirche: Turmruine aus dem Zweiten Weltkrieg und moderner Neubau.
9. Das Holocaust-Mahnmal: viel diskutiertes Denkmal der Judenverfolgung.
10. Das Denkmal an die Bücher.

Sehen und Verstehen

1 Verbinde Foto und Text.

e

f

g

h

i

j

Deutsche Erfindungen

1936 erfindet der Berliner Ingenieur Heinrich Focke den ersten Hubschrauber.

Hören und Verstehen

2 SIGHTSEEING IN BERLIN
Richtig oder falsch?

		R	F
1	Der Reichstag ist die erste Etappe.	☐	☐
2	Franz will nur das Pergamonmuseum besuchen.	☐	☐
3	Der Fernsehturm ist nicht weit vom Alex.	☐	☐
4	Die beiden wollen mit der U-Bahn zur Gedächtniskirche.	☐	☐
5	Die Gedächtinskirche ist nicht weit vom Berliner Zoo.	☐	☐
6	Eine Schifffahrt interessiert Friederike nicht.	☐	☐

Dein Wortschatz

3 Verbinde Verben, Substantive und Adjektive und bilde korrekte Sätze.

Verben
(sich) amüsieren anschauen besichtigen besuchen essen fahren gehen leben mieten reservieren studieren übernachten trinken wohnen

Adjektive
alt alternativ bequem billig interessant international komfortabel kostenlos modern multikulturell neu

Substantive
e Ausstellung, en e Brücke, n s Fahrrad, ¨er
s Hotel, s e Kirche, n e Kneipe, n
s Museum, Museen r Park, s s Restaurant, s
s Schloss, ¨er e Stadtführung, en
s Symbol, e r Treffpunkt, e

Dein Projekt

4 Deine Klasse fährt nach Berlin: Datum – Dauer – Unterbringung – Besichtigungen – Abendprogramm.

Typisch für Berlin?

1 **Rund um die Uhr**: Berliner Lokale dürfen so lange offen bleiben, wie sie wollen. Man kann die ganze Nacht lang essen, trinken und sich amüsieren.

2 **Multikulti**: Berlin war schon immer international. Das merkt man auch in der Gastronomie. Spezialitäten aus der ganzen Welt: Pizza, Döner Kebab und natürlich die berühmte Currywurst gibt es an jeder Straßenecke.

3 **Mode**: In Berlin gibt es viele Modeschulen für die Designer von morgen.

4 **Flohmärkte**: Auf den Berliner Flohmärkten findet man Möbel, Bücher, Bilder und Second-Hand-Kleidung.

5 **Wohnen in Berlin**: ganz billig in großen Häusen aus den Gründerjahren oder in Industrielofts mit neuen Wohnformen. Alte und junge Leute wohnen unter einem Dach.

Sehen und **Verstehen**

5 Verbinde Text und Bild.

a

b

c

d

e

Verliebt in Berlin, als Seifenoper...

... mit der jungen, aber nicht sehr hübschen Lisa aus der Provinz. Sie ist in ihren Chef verliebt. Aber dann kommt Lisas Bruder nach Berlin. Banal? Überhaupt nicht. Viele <u>spannende</u> Intrigen in einer Serie mit über 645 Folgen.

... und *Ninas Welt* auf dem Handy!

Ninas Welt: so heißt die erste Handy-Telenovela. Die Zuschauer? 15- bis 25-Jährige, die sich die Abenteuer der 18-Jährigen Berlinerin direkt auf ihr Handy <u>laden</u>. Aber dafür braucht man moderne und teure Handys. Nicht alle Jugendlichen können sich das <u>leisten</u> ... Also gibt es *Ninas Welt* auch im Internet.

Deine **Meinung**

6 Magst du Seifenopern? Hast du eine Lieblingstelenovela?

Deine **Recherche**

7 Deutsche Seifenopern spielen nicht nur in Berlin. Benutze das Internet.

> **Deine neuen Wörter**
>
> **laden**: auf elektronische Geräte Texte, Bilder oder Musik kopieren.
> **sich etwas leisten**: etwas Teures kaufen.
> **spannend**: sehr, sehr interessant.

Deutsche Erfindungen

1936 erfindet der Berliner Ingenieur Heinrich Focke den ersten Hubschrauber und 1941 Konrad Zuse den ersten Rechner, heute in der ganzen Welt als Computer bekannt.

← Eine Institution in
Berlin: Konnopke s
Imbiss

Hören und Verstehen

8 KONNOPKE'S IMBISS

Weißt du die Antwort?

1 Wo ist Konnopke's Imbiss?
2 Wer hat wann das Geschäft gegründet?
3 Wer leitet jetzt das Geschäft?
4 Wie ist das Rezept der Currywurst?
5 Wer war ein berühmter Kunde?

6 Wie viele Mitarbeiter hat das
Familienunternehmen?
7 Wer hat den Song *Heiße Würstchen*
komponiert?

Zeitpanorama

Assoziogramm

1 Welche Wörter
verbindest du mit
Politik?

Politik

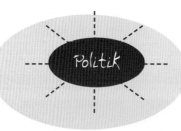

Berlin, ein Politikum

1 Im 18. Jh. entsteht das Königreich Preußen. Friedrich II. (der Große) macht Berlin zu einem Zentrum europäischer Kultur und Wissenschaft.

2 1871 siegt Preußen im Krieg gegen Frankreich. Berlin ist die Hauptstadt des deutschen Kaiserreichs. Deutschland wird Industriestaat und Großmacht.

3 Nach der Niederlage im Ersten Weltkrieg (1914-1918) erlebt Berlin wieder eine kulturelle Blütezeit. Aber es gibt auch viele soziale Probleme, wie in ganz Deutschland.

4 1933 kommt Hitler an die Macht. Antisemitismus charakterisiert die nationalsozialistische Diktatur. Berlin sollte die Hauptstadt des Tausendjährigen Reiches werden.

5 Am Ende des zweiten Weltkrieg (1945) ist Berlin total zerstört.

6 Die Sieger (Amerika, England, Frankreich und Russland) teilen 1945 Deutschland in vier Besatzungszonen und Berlin in vier Sektoren auf.

7 Aus den drei westlichen Sektoren entsteht im Mai 1949 die Bundesrepublik Deutschland (BRD) mit der Hauptstadt Bonn, aus der Ostzone im Oktober 1949 die Deutsche Demokratische Republik (DDR) mit der Hauptstadt Ostberlin.

8 Immer mehr DDR-Einwohner verlassen zwischen 1949 und 1961 die DDR. Die DDR-Regierung lässt am 13. August 1961 eine Mauer mitten durch Berlin bauen.

9 Im Sommer 1989 finden in Berlin und in anderen Städten der DDR Demonstrationen gegen die DDR-Regierung statt. In der Nacht vom 9. 11. 1989 „fällt" die Mauer. Die Teilung Deutschlands ist zu Ende.

10 1990 Wiedervereinigung der Bundesrepublik und der DDR. Seit 1991 ist Berlin wieder die Hauptstadt von ganz Deutschland.

Sehen und Verstehen

2 Verbinde Foto und Text.

30

Lesen und Verstehen

3 Verbinde die Satzteile.

1 ☐ Im 18. Jahrhundert macht Friedrich II. Berlin
2 ☐ Nach 1871
3 ☐ Zur Zeit des Nationalsozialismus
4 ☐ Nach dem Zweiten Weltkrieg
5 ☐ 1945 ist Berlin
6 ☐ 1945-89
7 ☐ 1961-89
8 ☐ Seit 1991
9 ☐ Im Sommer

a ist Berlin die Hauptstadt des deutschen Kaiserreichs.
b ist Berlin total zerstört.
c in vier Sektoren aufgeteilt.
d gibt es im Westen die BRD und im Osten die DDR.
e teilt die Mauer Berlin.
f zu einem europäischen Kulturzentrum.
g gegen die DDR-Regierung.
h ist Berlin wieder die Hauptstadt Deutschlands.
i Hitler will aus Berlin die Hauptstadt des Tausendjährigen Reiches machen.

Deine Recherche

4 Hat deine Hauptstadt auch so eine bewegte Benutze das Internet.

Brandenburg

Hauptstadt: Potsdam.
Typisch: Über 300 Schlösser als Touristenattraktion.

Theodor Fontane
(1819-98, Schriftsteller)

⬆ Schloss Sanssouci in Potsdam

Landschaft mit Tradition und Geschichte

Deine neuen Wörter
s Naturschutzgebiet, e: hier schützt man Tiere und Pflanzen.

Der Spreewald gehört zu den schönsten <u>Naturschutzgebieten</u> Europas. Die Wasserwege bilden ein etwa 100 km langes Netz. Hier nimmt man nicht das Auto zum Einkaufen oder zur Arbeit, sondern ein Boot. Eine feste Tradition sind auch die bunt bemalten Ostereier aus dem Spreewald.

Die traditionellen Eier

⬅ Der romantische Spreewald

Grüner Dschungel mitten in Deutschland

Tropical Island in einer riesigen Halle und das ganze Jahr über geöffnet ist Europas größte künstliche Urlaubswelt. Hier kann man bei einer konstanten Temperatur von 25° und ständiger Sonne virtuelle Ferien machen. Für die „Touristen" gibt es authentische Häuser aus sechs tropischen Ländern. Außerdem eine „Südsee" mit einem breiten Sandstrand und eine Bali-Lagune. Geplant sind auch ein Campingplatz und ein Hüttendorf in der Nähe. Warum also in die Ferne reisen, wenn es alles vor der Haustür gibt?

> **Deine neuen Wörter**
>
> **e Urlaubswelt, en:** Ferienzentrum.

↑ Ferien mit garantierter Sonne: die künstliche Urlaubswelt Tropical Island.

Lesen und Verstehen

1 Der Spreewald und Tropical Island. Weißt du die Antwort?

1 Warum braucht man im Spreewald ein Boot?
2 Was ist typisch zu Ostern?
3 Wann kann man in Tropical Island Urlaub machen?
4 Was kann man da machen?
5 Wie ist das Wetter dort?
6 Wo kann man übernachten?

Hören und Verstehen

2 UNMÖGLICHES INTERVIEW: THEODOR FONTANE
Richtig oder falsch?

		R	F
1	Theodor Fontane hat im 19. Jahrhundert in Brandenburg gelebt.	☐	☐
2	Ihm gefällt Tropical Island sehr gut.	☐	☐
3	Franz und Friederike finden die künstliche Urlaubswelt nicht interessant.	☐	☐
4	Die meisten Besucher sind Familien mit Kindern.	☐	☐
5	Man bezahlt für Tropical Island 100 Euro Eintritt.	☐	☐
6	Tropical Island bedeutet Arbeit für zirka 200 Menschen.	☐	☐

Deine Meinung

3 Wie findest du diese künstliche Urlaubswelt Tropical Island? Möchtest du auch solche Ferien machen?

Assoziogramm

1 Welche Wörter verbindest du mit *Deutsche Sprache*?

Deutsche Sprache

Martin Luther in einem
berühmten Gemälde
von Lucas Cranach ↓

Deutsche Sprache = schwere Sprache?

Wie viele Menschen sprechen Deutsch?

Deutsch ist die Muttersprache von zirka 100 Millionen Europäern. Damit ist sie die meistgesprochene Muttersprache in der EU.

Woher kommt Deutsch? Hat diese Sprache einen Vater oder mehrere Väter? Ja, sogar drei, und alle haben in Thüringen gelebt.

Der erste ist sicher **Martin Luther** (1483-1546) aus Eisleben. Der Augustinermönch lebt in einer Zeit mit vielen sozialen Problemen. Nach einer Reise nach Rom ist er schockiert und schreibt 1517 95 Thesen auf Latein als Protest gegen die katholische Kirche. Der Papst exkommuniziert ihn, aber Martin Luther macht weiter mit seiner Reform. Er will auch, dass alle Deutschen seine Texte und vor allem die Bibel lesen können, aber ... es gibt ein Problem: das Volk kann kein Latein. Ja, viele Leute können noch nicht einmal schreiben und lesen! Was tun? Luther übersetzt die Bibel in die Sprache des Volkes, ins Deutsche. Viele Wörter muss er aus dem Lateinischen nehmen, ebenso die Struktur der Sprache. Die Bibelübersetzung wird das erste Werk in deutscher Sprache.

Zirka zwei Jahrhunderte später leben zur selben Zeit in Weimar die Hauptautoren der deutschen Klassik: **Johann Wolfgang von Goethe** (1749-1832) und **Friedrich Schiller** (1759-1805). Ihre Gedichte kennt jeder Deutsche, ihre Dramen stehen immer noch auf den Programmen vieler Theater.

Das Hauptwerk von Goethe ist der *Faust*. Professor Faust will immer mehr vom Leben. So macht er einen Pakt mit Mephisto, dem Teufel. Der realisiert alle Wünsche von Faust und soll dafür Fausts Seele bekommen.

In seinem ersten und vielleicht bekanntesten Drama *Die Räuber* beschreibt Schiller seine Ideale einer Welt ohne Tyrannei.

Die Werke von Luther, Goethe und Schiller sind nicht leicht zu lesen. Die deutsche Sprache hat sich in den letzten Jahrhunderten stark verändert, vor allem im 20. Jahrhundert. Das ist auch eine Folge der Globalisierung. Alle sprechen heute ein wenig Denglisch, ein Mix aus Deutsch und Englisch. Sogar Eltern und Lehrer sagen *Hello, Shop, Ticket, Drink, City, Party, cool*.

← Denkmal in Weimar für Deutschlands größte Dichter und Denker:
Johann Wolfgang von Goethe (l.) und Friedrich Schiller (r.)

Hören und Verstehen

2 UNMÖGLICHES INTERVIEW: DIE GROßEN DREI UND (D)ENGLISCH.
Richtig oder falsch?

		R	F
1	Luther meint, die Sprache bleibt immer gleich.	☐	☐
2	Goethe ist an den neuen Wörtern sehr interessiert.	☐	☐
3	Schiller fragt, woher diese Tendenz in der Sprache kommt.	☐	☐
4	Die neuen Wörter sind leichter als die alten deutschen Wörter.	☐	☐
5	Luther findet die moderne Kommunikation furchtbar und möchte nicht in dieser Epoche leben.	☐	☐

Dein Wörterbuch

3 Ergänze die Tabelle. Benutze eventuell das Wörterbuch.

Deutsch	Deine Muttersprache	Weitere Sprache(n)
cool		
r Dozent, en		
s Ereignis, se		
e Geschichte, n		
s Getränk, e		
e Kultur, en		
s Institut, e		
e Musik		
e Nachricht, en		
e News		
e Party, s		
s Ticket, s		
e Universität, en		
s Weekend, s		

Deine Recherche

4 Gibt es auch in deiner Muttersprache viele Fremdwörter? Wenn ja, aus welchen Sprachen kommen Sie?

← Das Leben Martin Luthers in einem dramatischen Film (2003)

Hauptstadt: Erfurt.

Typisch: das grüne Herz Deutschlands mit vielen Wäldern.

↑ Das Goethehaus am Frauenplan in Weimar

Johann Sebastian Bach
(1685-1750, Komponist)

Thüringen gestern ...

Für viele Deutsche und Fans der deutschen Kultur ein Muss: Weimar, die Wartburg, Eisenach und Jena. In Weimar leben im 18. Jahrhundert die größten Autoren der deutschen Klassik, Johann Wolfgang von Goethe und Friedrich Schiller. Auf der Wartburg hat Martin Luther an der Bibelübersetzung gearbeitet. In Eisenach steht das Geburtshaus des Komponisten Johann Sebastian Bach, heute ein Museum mit Originalmusikinstrumenten, die man noch bei Konzerten hören kann. In Jena eröffnet Carl Zeiss 1846 eine optische Werkstatt. Fünf Jahre später baut er die ersten Mikroskope.

Lesen und Verstehen

1 Verbinde die Satzteile.

1 ☐ In Weimar
2 ☐ In Eisenach
3 ☐ Das Geburtshaus von Bach
4 ☐ 1851 hat Carl Zeiss
5 ☐ In Jena

a hatte Carl Zeiss eine optische Werkstatt.
b das erste Mikroskop hergestellt.
c lebten Goethe und Schiller.
d ist heute ein Museum.
e gibt es noch die Originalmusikinstrumente.

Ostdeutschland

... und heute

Jena als <u>Wiege</u> moderner Optik ist heute ein High-Tech-Zentrum des Ostens. In der Universitätsstadt lernen Ideen laufen. Über 165 junge Unternehmen aus den Bereichen der Optik, <u>Softwareentwicklung</u> oder Medizintechnik arbeiten in Jena. Außerdem gibt es Projektwochen für Schüler als die Erfinder von morgen.

Das Deutsche Nationaltheater Weimar zeigt *My God rides a skateboard*. Die Protagonisten sind Menschen von der Straße, das Thema ist ihre soziale Situation. Das ist echtes „Straßentheater"!

↑ Untrennbar: Jena und Carl Zeiss

> **Deine neuen Wörter**
>
> - **e Softwareentwicklung, en**: man macht neue Produkte für Computer.
> - **e Wiege, n**: ein Baby liegt in der Wiege.

Jenas Panorama ↓

Deine Meinung

2 Welches Projekt im heutigen Thüringen gefällt dir?

Beispiel: Ich finde das Projekt ... interessant, weil...

Dein Wortschatz

3 Bilde zusammengesetzte Wörter mit dem richtigen Artikel.

Bestimmungswort	Grundwort	Zusammengesetztes Wort
s Projekt	e Woche	e Projektwoche
e Bibel	s Haus	....
e Geburt	s Instrument	....
r Gründer	e Stadt	....
e Musik	s Theater	....
e Straße	e Übersetzung	....
e Universität	s Zentrum	....

Sachsen-Anhalt

Hauptstadt: Magdeburg.

Typisch: die Lutherstädte Eisleben und Wittenberg, die Altstadt von Quedlinburg mit Fachwerkhäusern, Nationalpark Harz.

↑ Die malerische Altstadt von Quedlinburg, UNESCO-Weltkulturerbe

Georg Friedrich Händel,
(1685-1759, Komponist)

Tokio Hotel, das Pop-Wunder aus der Provinz

Tokio Hotel aus Magdeburg ist in ganz Europa eine der erfolgreichsten Bands der letzten Jahre. Bill und Tom Kaulitz, Zwillinge, geboren 1989, haben sehr früh mit der Musik angefangen. 2001 haben sie Gustav Schäfer (*1988) und Georg Listing (*1987) kennen gelernt und die Band *Devilish* gegründet. Der erste große Erfolg war 2006 in Frankreich, danach in Moskau. Und dann ging es richtig los. Grund für ihren Riesenerfolg? Vor allem die Musik, aber auch die vier Sänger selbst: sie sind sehr jung, sie tragen tolle <u>Klamotten</u> und verrückte Frisuren. Sie sehen einfach so aus, wie die meisten Jugendlichen aussehen möchten, aber nicht dürfen. Kritik fehlt nicht: zu schneller Erfolg und zu viel Geld ... Und dann Panik im März 2008: Bill Kaulitz hat seine Stimme zu sehr strapaziert. Operation an seinen <u>Stimmbändern</u>! Konzerte <u>fallen aus</u>, die Gruppe ist in Gefahr! Aber keine Panik: nach der Operation singt Bill wieder wie früher.

Deine neuen Wörter

ausfallen: nicht stattfinden.

Klamotten (*nur Pl.*) (*Umgangssprache*): Kleidung.

s Stimmband, ¨er: elastische Bänder im Hals, sie bestimmen die Qualität der Stimme.

38

Lesen und Verstehen

1 Verbinde die Satzteile.

1 ☐ Die Popband aus Magdeburg   **a** kam der Erfolg in Moskau.

2 ☐ Nach dem Konzert in Frankreich   **b** haben sie 2001 kennen gelernt.

3 ☐ Tokio Hotel sind sehr beliebt   **c** weil sie zu schnell sehr viel Geld verdienen.

4 ☐ Ihre Freunde Gustav und Georg   **d** hat viel Erfolg in ganz Europa.

5 ☐ Nicht nur ihre Musik, auch ihr Aussehen   **e** gefällt und macht sie berühmt.

6 ☐ Viele kritisieren Tokio Hotel   **f** auch weil sie sehr jung sind und toll aussehen.

↑ Tokio Hotel in Aktion

Deine Rolle

2 Du hast sicher noch Fragen an Tokio Hotel. Erfinde mit deinen Mitschülern Fragen und Antworten als Interview und vergleiche dann mit dem Text im HV.

Hören und Verstehen

3 UNMÖGLICHES INTERVIEW: TOKIO HOTEL
Richtig oder falsch?

                                       R   F

1 Der Stiefvater wollte nicht, dass sie Musik spielen. ☐ ☐

2 Die Musiker von Tokio Hotel sind Naturtalente. ☐ ☐

3 Bill und Tom haben 2001 Gustav und Georg kennen gelernt. ☐ ☐

4 2006 hatte Tokio Hotel den ersten Erfolg in Spanien. ☐ ☐

5 Das Konzert in Moskau war ein Riesenerfolg. ☐ ☐

6 2007 hatte Tokio Hotel sieben Konzerte in Deutschland. ☐ ☐

Zweimal Deutschland: 1949-1989

1. 1949: zwei deutsche Staaten, im Westen die Bundesrepublik Deutschland (BRD) und im Osten die Deutsche Demokratische Republik (DDR). Die Beziehungen zueinander sind sehr problematisch, man spricht vom *Kalten Krieg*.
2. 1953: am 17. Juni in Ostberlin Proteste gegen zu hohe Arbeitsnormen. Sowjetische Panzer <u>unterdrücken</u> die Revolte. Aber immer mehr Einwohner verlassen die DDR und gehen in den Westen.
3. 1961: am 13. August beginnt der Bau der Mauer zwischen der BRD und der DDR. Damit will die DDR-Regierung die <u>Flucht</u> ihrer Einwohner stoppen. Der Kontakt der DDR-Bevölkerung mit dem Westen ist unmöglich.
4. 1957-66 Willy Brandt, Bürgermeister von Berlin, versucht mit seiner Ostpolitik die Beziehungen zwischen den beiden deutschen Staaten zu verbessern. 1971 bekommt er dafür den Friedensnobelpreis.
5. 1989: Menschen demonstrieren in der DDR für politische Reformen. Am 4. Oktober findet in Berlin die größte Massendemonstration in der Geschichte der DDR statt.
6. Die DDR-Regierung kann sich nicht mehr halten. In der Nacht vom 9. 11. 1989 „fällt" die Berliner Mauer. Das Ende von vierzig Jahren Trennung: Westdeutsche begrüßen enthusiastisch Ostdeutsche an den offenen Grenzübergängen.

Sehen und Verstehen

1 Verbinde Foto und Text.

> **Deine neuen Wörter**
>
> **e Flucht** (*nur Sg*): man verlässt schnell einen Ort.
> **r Kalte Krieg**: ein politischer Krieg ohne Soldaten und ohne Kampf.

a ☐

b ☐

c ☐

d ☐

e ☐

f ☐

(N)ostalgie

Nach der Wiedervereinigung haben viele DDR-Bürger große Schwierigkeiten dem Westen und den Westdeutschen gegenüber. Die Westdeutschen bekommen den Namen *Wessis* und die Ostdeutschen den Namen *Ossis*. Die DDR-Bürger haben das Gefühl, ihre Identität verloren zu haben. Es entsteht das Wort *Ostalgie*, d.h. Nostalgie nach dem alten Osten. Man denkt mit Sehnsucht an die Vergangenheit. Der alte Trabbi, das billige, aber heiß geliebte Auto aus Plastik, wird ein Kult-Auto. Wichtige Autofirmen planen eine moderne Version.

Man organisiert DDR-Partys: man trägt alte Kleidungsstücke mit DDR-Motiven, man trinkt und isst DDR-Lebensmittel. Inzwischen gibt es in Berlin sogar ein Ostalgie-Hotel: das *Ostel*. Die Zimmer haben original DDR-Möbel, an den Wänden hängen Bilder von damals. Aber ... keine Angst: Matratzen und Bettwäsche sind neu! Die Kunden mögen die billigen Zimmerpreise in einer Metropole wie Berlin. Das Einzelzimmer kostet 38 Euro die Nacht, das Doppelzimmer 59 Euro, die Übernachtung im Mehrbettzimmer (*Pionierlager*) 9 Euro. Bald soll es auch in Leipzig ein *Ostel* geben.

← Ostalgie: DDR-Möbel und das Porträt von Erich Honecker

Die DDR hatte ein anderes Fußgängerzeichen als die BRD. Das grüne Ampelmännchen lebt weiter und ist eine Kultfigur →

Lesen und Verstehen

2 Verbinde die Satzteile

1. ☐ Nach der Wiedervereinigung
2. ☐ Ossis
3. ☐ Die ehemaligen DDR-Bürger
4. ☐ Ostalgie bedeutet,
5. ☐ Der alte Trabbi
6. ☐ Im Ostel
7. ☐ Das erste DDR-Hotel
8. ☐ Die Zimmerpreise im DDR-Hotel
9. ☐ Auch in Leipzig

a. hatten Identitätskrisen.
b. dass man wieder wie in der DDR leben möchte.
c. findet man alte DDR-Möbel und DDR-Bilder.
d. ist jetzt ein Kult-Auto.
e. Ist ein Ostel geplant.
f. waren die Beziehungen zwischen Westdeutschen und Ostdeutschen nicht einfach.
g. sind ziemlich billig.
h. ist in Berlin.
j. war der unfreundliche Name für die ehemaligen DDR-Einwohner.

Deine Rolle

3 Interview mit einem ehemaligen DDR-Einwohner: was möchtest du ihn fragen? Formuliere mit einem Mitschüler Fragen und Antworten.

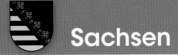
Hauptstadt: Dresden.

Wahrzeichen: der Nussknacker.

Typisch: Kunst, Kultur und Natur im Herzen Europas.

↑ Der majestätische Zwinger in Dresden

Georg Friedrich von Hardenberg, genannt Novalis (1772-1801, Dichter)

Ich bin ein Thomaner

„Hallo, darf ich mich vorstellen? Mein Name ist Thomas. Ich bin 12, komme aus einer kleinen Stadt nicht weit von Leipzig und seit zwei Jahren singe ich im Thomanerchor.

Wisst ihr, was dieser Chor ist? Also, ohne Geschichte geht's nicht! Den Chor für Jungen gib es schon seit 1212. Johann Sebastian Bach hat den Chor lange geleitet. 1920 hat der Chor zum ersten Mal im Ausland gesungen. 5

Wie wird man Thomaner? Man muss gerne singen und ein Instrument spielen lernen. Und so früh wie möglich damit anfangen! Ach ja, und eine gute Stimme braucht man auch. 10

Unser Leben? Ganz normal. Wir sind ungefähr 100 Jungen im Alter von neun bis achtzehn Jahren: Wir wohnen im Internat und besuchen die Thomasschule, ein Sprachgymnasium. Dazu kommt die musikalische Ausbildung.

Ganz toll sind natürlich unsere Konzertreisen. Wir kommen in der ganzen Welt herum." 15

← Thomas Hering erzählt

↑ Der berühmte Thomanerchor

Lesen und Verstehen

1 Wo steht das im Text?

		Zeile(n)
1	Den Chor gibt es seit dem 13. Jahrhundert.	....
2	Johann Sebastian Bach hat den Chor geleitet.	....
3	Ein Thomaner muss eine gute Stimme haben.	....
4	Die Jungen wohnen im Internat.	....

Deine Meinung

2 Gibt es auch in deinem Land einen berühmten Chor? Wie findest du das Leben als Thomaner? Möchtest du auch gern in einem Internat wohnen?

Der sächsische ↑ Nussknacker ist über 300 Jahre alt

Hören und Verstehen

3 DER TRABBI LEBT!

Schreibe die Informationen die du gehört hast, auf.

1 Erstes Baujahr des Trabbi: ....
2 Bedeutung von Trabant: ....
3 Sitz der Autofabrik: ....
4 Material des Autos: ....
5 Größtes Problem bei Trabbi: ....
6 Letztes Baujahr des Trabbi: ....
7 Anzahl der produzierten Modelle in Zwickau: ....

Schleswig-Holstein
Norddeutschland Mecklenburg-Vorpommern
Bremen Hamburg
Niedersachsen Berlin
Sachsen-Anhalt Brandenburg
Nordrhein-Westfalen **Ostdeutschland**
Westdeutschland Sachsen
Thüringen
Hessen
Rheinland-Pfalz
Saarland Bayern
Süddeutschland
Baden-Württemberg

Nordrhein-Westfalen

Hauptstadt: Düsseldorf.
Typisch: Weinbaugebiete am Rhein, viele römische Städtegründungen, das Ruhrgebiet, Europas größtes Industriegebiet.

Ludwig van Beethoven,
(1770-1827, Komponist)

Städte in NRW: eine schöner als die andere

1 Der Kölner Dom in der ehemaligen römischen *Colonia Agrippinensis* aus dem Jahr 50 n. Chr.
2 Sehenswert und geschichtlich interessant: Dom zu Aachen mit dem Grab von Karl dem Großen.
3 Bonn, 1945 bis 1990 Hauptstadt der BRD, Geburtsstadt von Ludwig van Beethoven.
4 In Wuppertal ist die Schwebebahn aus dem Jahr 1901 noch immer eine Attraktion.

Sehen und Verstehen

1 Verbinde Foto und Text.

← Auf den Spuren
von Römern und
Germanen …

Museen … mal ganz anders!

Und die Museen in Köln? Das bekannteste ist wahrscheinlich das Römisch-Germanische Museum. Und das Interessanteste? Vielleicht das Schokoladenmuseum.

… und dann ins Schokoladenmuseum ↓

Hören und Verstehen

🎧 12 2 **IM SCHOKOLADENMUSEUM**

Richtig oder falsch?

	R	F
1 Das Museum gibt es seit 1993.	☐	☐
2 Im Museum bekommt man Informationen über die Geschichte vom Kakao.	☐	☐
3 Kakao ist seit etwa 2000 Jahren bekannt.	☐	☐
4 Kakao hat man früher auch als Medizin gebraucht.	☐	☐
5 Aus einem Brunnen kommt flüssige Schokolade.	☐	☐
6 Man darf die Schokolade nicht probieren.	☐	☐
7 Man kann im Museumsshop nicht kaufen.	☐	☐

Deutsche Erfindungen

Die Schmerztablette Aspirin, erfunden 1897 in Leverkusen.

Assoziogramm

1 Welche Wörter verbindest du mit *Kohle*?

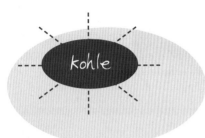

kohle

Harte Arbeit:
der Kohleabbau ➜

Aus dem Leben einer Bergarbeiterfamilie

„1891 kam mein Großvater aus Polen ins Ruhrgebiet nach Bochum. Da war er 15. Er wollte als <u>Bergmann</u> schnelles Geld verdienen. Er arbeitete in einem <u>Bergwerk</u>. Bei uns heißt das <u>Zeche</u>. Das war eine wahnsinnig harte Arbeit: <u>Kohle abbauen</u> und immer im Dunkeln unter der Erde. 1927 kam dann mein Vater zur Welt. Er wurde auch Bergarbeiter. Da war er gerade 14 Jahre alt. Drei Jahre später musste er als 17-Jähriger noch in den Zweiten Weltkrieg, aber zum Glück kam er zurück. Mit 20 heiratete mein Vater. Wir sind fünf Kinder, ich bin der älteste, Jahrgang 1948. Mein Vater wollte nicht, dass wir in den Bergbau gehen. Ich wurde Elektriker.

Ich habe auch zwei Kinder. Die sind jetzt 18 und 20. Wenn sich sonntags meine ganze Familie zum <u>Eisbein mit Sauerkraut</u> trifft, muss mein Vater seinen Enkeln immer wieder von früher erzählen. Und dann zeigt Opa seinen Lieblingsfilm *Das Wunder von Bern*. Die Fußballweltmeisterschaft von 1954 aus der Perspektive eines 12-Jährigen im <u>Ruhrpott</u>. Und meine Kinder erzählen von Schalke 04, ihrer Lieblingsmannschaft und dem tollen Stadion in Gelsenkirchen. Aber was mein Vater gar nicht versteht: die Loveparade aus Berlin findet jetzt im Ruhrgebiet statt. „So'n Gedöns", sagt er. In unserem Dialekt heißt das *Quatsch*. Tja, der Ruhrpott ist eben nicht mehr Kohle, sondern Kultur und Unterhaltung."

⬆ Herrman
Woytalla erzählt

⬅ Ein Kinohit: Fußball im
Ruhrpott der 1950er Jahre

Deine neuen Wörter

abbauen: (*hier*) holen.

r Bergmann, ¨er: Arbeiter in einem Bergwerk.

s Bergwerk, e: eine Grube mit Gängen unter der Erde, um Mineralien oder Kohle rauszuholen.

s Eisbein mit Sauerkraut: typisches Essen im Ruhrgebiet.

e Kohle, n: harter brauner oder schwarzer Stein zum Heizen.

r Ruhrpott: Synonym für Ruhrgebiet.

e Zeche, n: Bergwerk.

Lesen und Verstehen

2 Richtig oder falsch?

		R	F
1	Hermanns Großvater kommt aus Polen.	☐	☐
2	Im Ruhrgebiet wollte er die Schule besuchen.	☐	☐
3	Er hat eine leichte Arbeit gefunden.	☐	☐
4	Hermanns Vater hat auch in einer Zeche gearbeitet.	☐	☐
5	Er musste sehr jung in den Krieg ziehen.	☐	☐
6	Hermann ist der jüngste aus der Familie.	☐	☐
7	Opa spricht mit den Enkelkindern gern über Fußball.	☐	☐
8	Opa findet die Loveparade sehr lustig.	☐	☐

3 Was war oder ist wann? Ergänze die Tabelle.

1		a	1891
2	Hermanns Vater kam auf die Welt.	b	
3	Der Vater musste in den Krieg.	c	
4		d	1948
5		f	1954

Die Zeche Zollverein: Eins der berühmtesten Bergwerke ↑
Deutschlands und heute Weltkulturerbe der UNESCO

4 Welche Erklärung passt?

1	☐ Bergmann	a	Industriegebiet an der Ruhr.
2	☐ Kohle	b	Harte braune oder schwarze Substanz zum Heizen.
3	☐ Ruhrpott	c	Ein Arbeiter in einem Bergwerk.
4	☐ Quatsch	d	Da arbeiten Menschen im Dunkeln.
5	☐ Zeche	e	Unsinn.

Deine Meinung

5 Hast du schon einmal ein Bergwerk gesehen? Wie stellst du dir das Leben eines Bergmanns vor?

Deine Recherche

6 Gibt es in deinem Land auch Events wie große Konzerte? Benutze das Internet.

Ein großes Konzert →

Hauptstadt: Mainz.

Typisch: aus Rheinland-Pfalz kommt 60% des deutschen Weins.

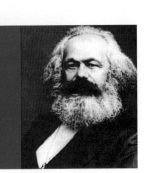

Karl Marx (1818-82, Philosoph)

⬆ Weinberge und alte Burgen am Rhein

Von den Römern ...

1 Trier, *Augusta Trevirorum*, ist wahrscheinlich die älteste deutsche Stadt. An die Römerzeit erinnert u.a die Porta Nigra.
2 Koblenz, *Confluentia,* liegt an der Mündung der Mosel in den Rhein.
3 In Mainz, *Magontiacum*, steht ein Kaiserdom aus dem Mittelalter.

Sehen und Verstehen

1 Verbinde Text und Bild.

a

b

c

← Die Nibelungen.
Eine der
beliebtesten Sagen
Europas in einer
Neuverfilmung von
Uli Edel

... zu den Nibelungen

Im Nibelungenmuseum erlebt man *live* die Stadt Worms als wichtigsten Ort der Sage: eine Telenovela aus dem 13. Jahrhundert. Siegfried hat einen Drachen getötet und den Schatz der Nibelungen gewonnen. Er kommt nach Worms, um Kriemhild zu heiraten, die Schwester von König Gunther. Der will Brunhild, die Königin von Island, heiraten. Aber zuerst muss Siegfried ihm helfen. Nach komplizierten Intrigen kommt es zum <u>Streit</u>. Der böse Hagen bringt Siegfried um, seine Witwe Kriemhild bleibt in Worms. Jahre später heiratet sie den <u>mächtigen</u> Hunnenkönig Etzel. Kriemhild will den Tod ihres geliebten Siegfrieds <u>rächen</u> und von Hagen den Schatz der Nibelungen. Aber Hagen stirbt, ohne ihr das Versteck verraten zu haben. Der Schatz der Nibelungen bleibt für immer im Rhein. Zu kompliziert? Dann schau dir doch den Film an.

> **Deine neuen Wörter**
>
> **mächtig**: man dominiert andere Menschen, ein Land.
> **rächen**: man bestraft jemand, der etwas Böses gemacht hat.
> **r Streit** (*nur Sg.*): r Konflikt.

Lesen und Verstehen

2 Richtig oder falsch?

		R	F
1	Die Sage der Nibelungen spielt in Worms.	☐	☐
2	Die Geschichte ist aus dem 15. Jh.	☐	☐
3	Siegfried ist ein Held, weil er den Drachen getötet hat.	☐	☐
4	Kriemhild und Gunther sind Geschwister.	☐	☐
5	Siegfried heiratet Brunhild.	☐	☐
6	Hagen ist ein guter Freund von Siegfried.	☐	☐
7	Nach Siegfried Tod heiratet Kriemhild Hagen.	☐	☐
8	Im Krieg zwischen Nibelungen und Hunnen sterben viele Menschen.	☐	☐
9	Der Schatz der Nibelungen bleibt im Rhein.	☐	☐

Deine Recherche

3 Gibt es auch in deinem Land Sagen mit vielen Helden? Was sind die Themen? Benutze das Internet.

Deutsche Erfindungen

Mainz 1444: Johannes Gutenberg erfindet den Buchdruck. Die neue Technik revolutioniert die Welt: Bücher werden Massenware.

Johann Wolfgang von
Goethe (1749-1832,
Dichter)

Hauptstadt: Wiesbaden.

Typisch: Durch günstige zentrale Lage großer wirtschaftlicher Erfolg: Chemie, Maschinenbau, Fahrzeug- und Elektroindustrie.

↑ Hochhäuser in Frankfurt am Main

Mainhattan

Frankfurt am Main hat viele Gesichter.

Architektur: die meisten Hochhäuser.

Finanzen: die größten in- und ausländischen Banken und die Frankfurter Börse als Barometer der deutschen <u>Wirtschaft</u>.

Kultur: die wichtigste Buchmesse der Welt, eine historische Universität und das Geburtshaus Goethes.

Verkehr: der Rhein-Main-Flughafen als Nummer 1 für den europäischen Transport.

Lesen und Verstehen

1 Weißt du die Antwort?

1 Was ist typisch an der Architektur?
2 Warum ist Frankfurt ein Finanzzentrum?
3 Warum ist es auch ein Kulturzentrum?
4 Und der Verkehr?

↑ Lieblingsgetränk
der Frankfurter:
der Äpplwoi

Deine neuen Wörter

e **Wirtschaft:** Firmen und Geschäfte produzieren und verteilen Produkte.

↑ Der Frankfurter Römer

Hören und Verstehen

2 DIE EUROPÄISCHE SCHULE IN FRANKFURT
Richtig oder falsch?

		R	F
a	Die Schüler der Europäischen Schule in Frankfurt sprechen nur Deutsch.	☐	☐
b	Europäische Schulen gibt es in ganz Europa.	☐	☐
c	Die Schule ist nur für Kinder von Mitarbeitern.	☐	☐
d	Die Europäische Schule ist nur etwas für reiche Kinder.	☐	☐
e	Es gibt vier Sektionen für vier wichtige europäische Sprachen.	☐	☐
f	In einigen Fächern ist der Unterricht zweisprachig.	☐	☐

Deine Meinung

3 Gibt's auch in deiner Stadt oder in deinem Land internationale Schulen? Kennst du Schüler aus so einer Schule? Möchtest du so eine Schule besuchen?

Auf den Spuren von Rotkäppchen und Aschenputtel

Wer kennt sie nicht? Die *Kinder- und Hausmärchen* von Wilhelm und Jakob Grimm aus Steinau. Die Gebrüder Grimm haben die Märchen nicht selbst geschrieben, sondern überall <u>gesammelt</u>. Nach dem ersten Band aus dem Jahr 1812 sind die Märchen heute in mehr als 160 Sprachen übersetzt.

Auf den Spuren von Rotkäppchen und Aschenputtel kann man eine Radtour quer durch Deutschland machen. Im Bundesland Hessen trifft man in Alsfeld und in Schwalmstadt Rotkäppchen. Auf der Sababurg hat Dornröschen 100 Jahre geschlafen. Der Froschkönig kam aus der Nähe von Steinau. Und Kassel ist die Hauptstadt der Deutschen Märchenstraße.

↓ Die Gebrüder Grimm

Rotkäppchen als → Fassadenbild

Deine neuen Wörter

sammeln: (*hier*) Infos über ein Thema suchen.

Hauptstadt: Saarbrücken

Typisch: zusammen mit der französischen Region Lothringen (Lorraine), dem Großherzogtum Luxemburg, dem deutschen Bundesland Rheinland-Pfalz und dem belgischen Wallonien bildet das Saarland die Großregion Saar-Lor-Lux.

DFJW (Deutsch-Französisches Jugendwerk, *1963, fördert Kontakte zwischen jungen Deutschen und Franzosen)

↑ Die Völklinger Hütte im Saarland

Fußball ohne Grenzen

„Hallo, mein Name ist Pascal. Ich bin 16, meine Mutter ist Französin und mein Vater Deutscher. Wir leben in Saarbrücken. Ich habe sehr viele Kontakte mit Frankreich und auch viele französische Freunde. Die habe ich fast alle bei Projekten vom DFJW kennen gelernt. Jedes Jahr fahre ich mit dem DFJW in ein Sommercamp zum Fußballspielen. Da treffen wir dann auch deutsche und französische Fußballspieler aus der Nationalmannschaft. Toll!"

Deine **Recherche**

1 Du willst bei einem Projekte des DJFW mitmachen. Benutze das Internet.

← Pascal Müller erzählt

Westdeutschland

Etappen aus der Geschichte des Saarlandes

1919
Frankreich verwaltet die Kohlengruben des Saarlands.

1934
Volksabstimmung: das Saarland kommt zu Deutschland.

1945
Das Saarland ist ein französisches Protektorat.

1949
Das Saarland bekommt einen autonomen Status.

1955
Volksabstimmung: das Saarland kommt zur BRD.

> **Deine neuen Wörter**
> s **Protektorat, e**: ein Staat entscheidet die Politik eines anderen Landes.
> **verwalten**: managen.
> e **Volksabstimmung**: die Bevölkerung eines Landes sagt offiziell ihre Meinung.

Hören und Verstehen

16 **2 GESPRÄCH MIT EINEM GESCHICHTSLEHRER**
Richtig oder falsch?

	R	F
1 Das Saarland war nach dem Zweiten Weltkrieg eine französische Region.	☐	☐
2 Die Saarländer bekamen 1952 eigene Pässe.	☐	☐
3 Die Kohlenbergwerke gehörten Frankreich.	☐	☐
4 Im Saarland gibt es zwei Nationalsprachen.	☐	☐
5 Die gesamte Bevölkerung entschied sich 1955 für die deutsche Identität.	☐	☐
6 Die erste Fremdsprache in den Schulen ist Englisch.	☐	☐
7 Die meisten Einwohner sprechen gut Französisch.	☐	☐
8 Es gibt viele gemeinsame Projekte mit Frankreich.	☐	☐

Deine Meinung

3 Gibt es in deinem Land besondere Grenzregionen? Wenn ja, sind sie zweisprachig? Ist das Leben in einer Grenzregion interessant oder eher kompliziert?

Der Fluss macht ein S: die Saarschleife bei Mettlach ➔

53

Schleswig-Holstein
Norddeutschland
Mecklenburg-Vorpommern
Bremen   Hamburg
Niedersachsen
Berlin
Sachsen-Anhalt
Brandenburg
Nordrhein-Westfalen
Ostdeutschland
Westdeutschland
Sachsen
Hessen
Thüringen
Rheinland-Pfalz
Saarland
Bayern
Süddeutschland
Baden-Württemberg

Baden-Württemberg

Hauptstadt: Stuttgart.
Typisch: der Bodensee, der Schwarzwald, das Allgäu, mildes Klima, nach Bayern das beliebteste Reiseziel in Deutschland.

Graf Ferdinand von Zeppelin, (1838-1917, Erfinder des Luftschiffes)

Dreiländereck am Bodensee

↓ **Relax am Bodensee**

Mittelalterliche Städte und Burgen, Pfahlbauten, Obstgärten, Barockkirchen und sogar eine Insel, die Blumeninsel Mainau. Am Bodensee grenzen drei deutschsprachige Länder aneinander. Deutschland, Österreich und die Schweiz als Dreiländereck. Hier ist D-A-CH Wirklichkeit.

Am Bodensee lebten schon vor einer halben Million Jahren Menschen. In einem Freilichtmuseum in Unteruhldingen kann man 20 Pfahlbauten aus der Stein- und Bronzezeit besichtigen. Alle Häuser sind mit viel Liebe zum Detail rekonstruiert. Der Besucher bekommt einen Eindruck vom Alltagsleben der Urzeitmenschen.

Und das Zeppelinmuseum in Friedrichshafen: Zeppeline waren von 1900 bis 1940 erfolgreiche Luftschiffe.

Deine neuen Wörter

s **Dreiländereck, e**: an einen Punkt grenzen drei Länder aneinander.
s **Freilichtmuseum**: ein Museum draußen.
r **Pfahlbau, ten**: ein Haus steht auf dicken Stäben aus Holz.

Lesen und Verstehen

1 Richtig oder falsch?

		R	F
1	Der Bodensee ist ein deutscher See.	☐	☐
2	Am Bodensee kann man schöne Ferien verbringen.	☐	☐
3	In diesem Gebiet gibt es keine Inseln.	☐	☐
4	Vor 500000 Jahren haben die ersten Menschen direkt am Wasser gelebt.	☐	☐
5	Die Pfahlbauten sind noch heute bewohnt.	☐	☐
6	Das Alltagsleben aus der Steinzeit ist gut dargestellt.	☐	☐
7	Zeppeline waren Luftschiffe.	☐	☐
8	Heute fliegen sie nicht mehr.	☐	☐

Ist der Schwarzwald wirklich schwarz?

Die Römer nannten dieses Gebiet *silva nigra* und bis zum Mittelalter war es wirklich ein dunkler und dichter Urwald. Dann brauchte man Holz für Schiffe und für Häuser, später auch für die Industrie. Heute ist der Schwarzwald ein Erholungs- und Urlaubsgebiet. Besonders Familien mit Kindern machen hier gern Ferien auf dem Bauernhof.
Der Schwarzwald ist auch ideal zum Wandern und Radfahren.

2 Weißt du die Antwort?

a Ursprung des Namens: ....   b Nach dem Mittelalter: ....
c Schwarzwald heute: ....

Hören und Verstehen

🔊 3 EIN TAG IM EUROPAPARK
Richtig oder falsch?

		R	F
1	Der Europapark Rust ist im Schwarzwald.	☐	☐
2	Schon 70 Millionen Menschen haben den Park besucht.	☐	☐
3	Man kann eine virtuelle Reise durch Deutschland machen.	☐	☐
4	Es gibt keine Wasserspiele.	☐	☐
5	Mit der Atlantika Supersplash macht man auch eine Bootsfahrt.	☐	☐
6	Man macht aber keine Reise ins Universum.	☐	☐
7	Im Magic Cinema 4D kann man die Bilder sogar fühlen.	☐	☐

Das Europapark, immer ein Erlebnis! ↓

Zeitpanorama

Assoziogramm

1 Welche Wörter verbindest du mit dem Wort *Auto*?

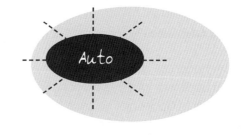

Baden-Württemberg: Zentrum der Automobilindustrie

Stuttgart ist die Heimat der ältesten Automobilwerke. Die Namen Gottlieb Daimler, Carl Benz, Wilhelm Porsche und sein Sohn Ferdinand Porsche gehören zur Geschichte der Stadt und der Autoindustrie.

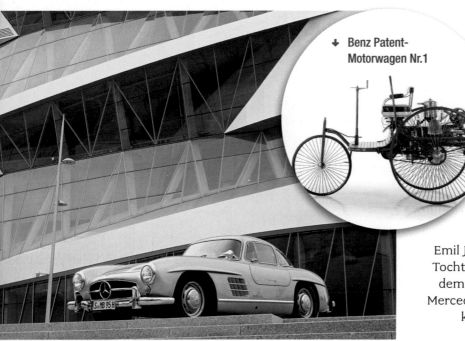

↓ Benz Patent-Motorwagen Nr.1

↑ Mercedes Museum Stuttgart

Daimler-Benz: Gottlieb Daimler (1834-1900) und Carl Benz (1844-1929) arbeiten, zuerst ohne sich zu kennen, an der Erfindung des Autos. Daimler montiert 1886 den ersten Benzinmotor in einen Pferdewagen. Die beiden gründen 1926 die *Daimler-Benz AG*. Den Namen *Mercedes* erfindet der Autoverkäufer Emil Jellinek: es ist der Name seiner Tochter. Der Mercedes-Stern ist aus dem Jahr 1909. Im supermodernen Mercedes-Benz Museum in Stuttgart kann man heute 160 legendäre Oldtimer bewundern.

Porsche: Ferdinand Porsche (1875-1951) ist 1922 Chefkonstrukteur bei Daimler. 1931 macht er sich selbstständig. 1934 soll er einen billigen Wagen für das Volk bauen. Der legendäre *VW Käfer* ist zum ersten Mal 1939 auf der Automobilausstellung in Berlin zu sehen. Seitdem läuft und läuft und läuft er. 1947 beginnt Ferdinand Porsche mit dem Projekt eines Sportwagens. So entsteht 1948 der *Porsche*.

↓ Ein altes Modell von Porsche

BMW: Zur Geschichte des deutschen Autos gehört auch der Name BMW (Bayrisches Motoren Werke). Karl Rapp (1850-1926) gründet 1913 in der Nähe von München die erste Firma. 1917 baut BMW den ersten Flugzeugmotor und 1929 das erste Automobil. 1940 gewinnt ein BMW-Auto die Autorailly *Mille Miglia* in Italien. Am Ende des Zweiten Weltkrieges ist das BMW-Werk in München total zerstört. Heute floriert das bayerische Automobilwerk wieder.

BMW–Museum München →

Opel: Firmengründer Adam Opel (1837-1887) baut 1899 das erste Opel-Automobil. 1929 verkaufte die Adam Opel AG das Unternehmen an den amerikanischen Konzern General Motors.

Diesel-Bosch: Aber die Autos von heute starten nicht ohne den Dieselmotor von Rudolf Diesel (1858 -1913) und die Zündkerze von Robert Bosch (1861-1942).

↑ 1899: das erste Opel-Automobil

Deine neuen Wörter

e Zündkerze, n: sie produziert einen Funken und der Motor startet.

Hören und Verstehen

🔊 **2 UNMÖGLICHES INTERVIEW: FERDINAND PORSCHE UND MICHAEL SCHUMACHER.**
Richtig oder falsch?

	R	F
1 Schumacher hatte mit 2 Jahren sein erstes Auto.	☐	☐
2 Schumacher war sieben Mal Weltmeister in der Formel 1.	☐	☐
3 Er hat nie einen Unfall gehabt.	☐	☐
4 Bei Ferrari war er zehn Jahre.	☐	☐
5 Jetzt macht er Reklame für sicheres Autofahren.	☐	☐

Interview mit Michael Schumacher →

Bayern

Hauptstadt: München.

Seen: Chiemsee, Starnberger See und Ammersee.

Typisch: Berge und Seen als Attraktion für viele Touristen.

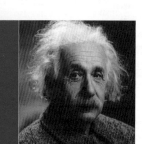

Albert Einstein, (1879-1955, Wissenschaftler)

↑ Berge, Bäume und grün: Bayern!

Der Papst ... ganz privat

Joseph Aloys Ratzinger: geboren am 16. April 1927 als drittes Kind von Josef, einem bayerischen Gendarm, und Maria, einer Köchin in Marktl am Inn. Schon mit sieben Jahren will Joseph Priester werden. Sein Bruder Georg erzählt, dass der kleine Joseph sofort „Kardinal" werden will. Eine Schulfreundin erinnert sich, dass der Siebenjährige im Kinderzimmer feierlich die „Messe" zelebriert.

Anfang 1939 müssen alle Jugendlichen ab 14 Mitglied der Hitlerjugend werden. Auch Joseph. Nach dem Krieg studiert Joseph Philosophie und Theologie und wird 1951 Priester. Nach Jahren als Dozent und Professor für Theologie wird er 1977 Kardinal und geht 1981 in den Vatikan. Am 19. April 2005 wird Joseph Ratzinger Papst.

← Der fünfjährige Joseph Ratzinger

← Das Geburtshaus von Papst Benedikt XVI

Bayern ist sehr stolz auf seinen berühmten Sohn: *Wir sind Papst* ist die <u>Schlagzeile</u> der BILD-Zeitung am Tag nach der Papst Wahl. Aus seinem privaten Leben erzählt man von seiner Liebe zu Katzen, insbesondere zu der Katze Chico.
Die lebt aber nicht im Vatikan, sondern in Pentling, nicht weit vom Haus der Ratzingers entfernt.

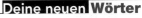

Deine neuen Wörter

e Schlagzeile, n: Titel mit großen Buchstaben in einer Zeitung.

Lesen und Verstehen

1 Papst Benedikt XVI. – seine Biografie. Weißt du die Antwort?

1 Geburtsdatum: ....
2 Geburtsort: ....
3 Eltern: ....
4 Geschwister: ....
5 Berufswunsch: ....
6 Lieblingsspiel: ....
7 Studium: ....
8 Höhepunkt seiner Karriere: ....
9 Seine besondere Liebe: ....

Eine spezielles Buch erzählt
aus dem Leben vom Papst →

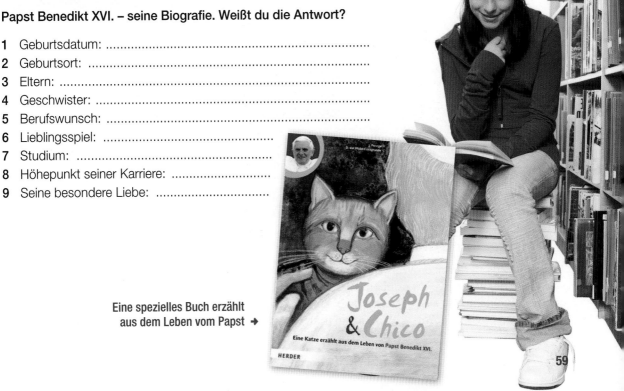

München ist Freizeit ...

Das ganze Jahr über, aber besonders im Sommer ist der Englische Garten in München optimal für Erholung im Freien. Auf den Wiesen kann man liegen, lesen, Musik hören und ... flirten. Studenten aus Schwabing — dem Studentenviertel der Stadt — kommen hierher, aber auch Familien mit Kindern für einen Mini-Urlaub und das alles umsonst!

... Technik und Wissen ...

Ein Haus der Superlative: das Deutsche Museum auf der Isarinsel. Das Besondere? In diesem Museum der Technik und der Naturwissenschaft können die Besucher anfassen, ausprobieren, erleben: Atommodelle, <u>Dieselloks</u>, Flugzeuge, <u>Orgeln</u>, <u>Raumsonden</u> Roboter, , Segelschiffe, Windmühlen und vieles andere mehr. Maschinen <u>surren</u>, Blitze <u>zucken</u> durch die Luft. Naturgesetze, Instrumente und Technik <u>hautnah</u>. Das Deutsche Museum ist das meistbesuchte Museum Europas.

Deine neuen Wörter

e Diesellok, s: Lokomotive mit Dieselmotor.
hautnah: sehr nahe.
e Orgel, n: sehr großes Musikinstrument in Kirchen.
e Raumsonde, n: ein Raumschiff ohne Menschen.
surren: etwas macht ein leises, regelmäßiges Geräusch.
e Windmühle, n: eine Mühle, vom Wind bewegt.
zucken: kurze, unkontrollierte, schnelle Bewegungen machen.

... Volksfest und Tradition

Touristen aus der ganzen Welt kommen jedes Jahr Ende September nach München, um das größte Volksfest der Welt live zu erleben: das Oktoberfest auf der Theresienwiese. Bier trinken, Brezeln oder Schweinshaxen essen, Volkslieder singen, tanzen. Und wer nicht zum Oktoberfest kommen kann: echte bayrische Atmosphäre kann man das ganze Jahr hindurch im Hofbräuhaus genießen.

Süddeutschland

← Das Hofbräuhaus
in München

↓ Brezeln, eine typisch
bayrische Spezialität

Lesen und Verstehen

1 Verbinde die Satzteile

1 ☐ Die Münchner suchen auf den
Wiesen
2 ☐ Sowohl Studenten wie auch Familien
3 ☐ Im Deutschen Museum
4 ☐ Auf der Theresienwiese
5 ☐ Das ganze Jahr hindurch

a kann man vieles selbst anfassen und erleben.
b findet im Herbst das weltbekannte Oktoberfest statt.
c erlebt man im Hofbräuhaus echte bayrische
Stimmung.
d verbringen hier einen kostenlosen Mini-Urlaub.
e im Englischen Garten Erholung im Freien.

Deine Rolle

2 Du bist in München mit drei Freunden.
Einer will zum Englischen Garten, der
zweite ins Deutsche Museum und der
dritte zur Theresienwiese. Es gibt eine
Diskussion.

Redemittel:

ich möchte ......, weil man dort......
Ja, aber da kann man nicht.....
Aber dafür gibt es dort....

Spielzeug und ...

Wer kennt es nicht? Mit Playmobil-Figuren
kann man eine ganze Welt im Kleinen
bauen: Bauernhöfe, Flughäfen, Tierparks,
Polizeistationen und vieles andere mehr.
Leider hat Qualität seinen Preis.
Playmobil ist nicht billig, dafür *made
in Germany*, nämlich im bayrischen
Dietenhofen.

Assoziogramm

1 Welche Wörter verbindest du mit *Stadt*?

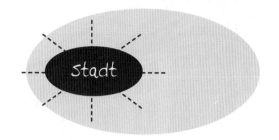

Stadt

Bayerns Städte haben Geschichte

München, Nürnberg, Würzburg und Bamberg

1 München ist schon im 18. Jahrhundert eine Kunst- und Universitätsstadt. Der Name der Stadt bedeutet *Bei den Mönchen*.

2 Ludwig II., mit 18 Jahren König von Bayern, ist weltbekannt, weil er das Märchenschloss Neuschwanstein gebaut hat. Sein Tod 1886 im Starnberger See ist noch heute ungeklärt.

3 1942 gibt es an der Uni München eine Widerstandsbewegung gegen Hitler, die *Weiße Rose*. Die jungen Mitglieder, darunter Sophie Scholl, bezahlen ihren Versuch, Deutschland vom Naziregime zu befreien, mit dem Leben.

4 1972 finden in München die XX. Olympischen Spiele statt und gehen leider in die Geschichte ein. Denn ein Attentat von palästinensischen Extremisten endet mit vielen Toten. 2005 dreht Steven Spielberg dazu den Film *Munich*.

5 Im Mittelalter zählt Nürnberg zusammen mit Köln und Prag zu den größten Städten des Heiligen Römischen Reiches. Dort lebt auch Albrecht Dürer (1471-1528), der erste deutsche Maler, der ein Selbstporträt malt.

6 Im 19. Jahrhundert entwickelt sich Nürnberg zu einem industriellen Zentrum. 1835 fährt Deutschlands erste Eisenbahn von Nürnberg zur Nachbarstadt Fürth.

7 Nach dem Zweiten Weltkrieg finden hier die Nürnberger Prozesse gegen Kriegsverbrecher des Nationalsozialismus statt.

8 Eine Tradition und in der Weihnachtszeit ein Muss: der Nürnberger Christkindlesmarkt.

9 Die Residenz in Würzburg aus dem 18. Jahrhundert ist ein Meisterwerk des süddeutschen Barocks. Im Treppenhaus ist das größte Fresko der Welt, gemalt von Giovanni Battista Tiepolo.

10 Bamberg liegt wie Rom auf sieben Hügeln, die Altstadt auf einer Insel an der Regnitz. Sehenswerte Gebäude sind das Rathaus und der Kaiserdom.

2 Verbinde Foto und Text.

Deine neuen Wörter

r Kriegsverbrecher, -: ein Mensch hat im Krieg etwas gegen das Gesetzt gemacht.

ungeklärt: noch nicht klar.

e Widerstandsbewegung, en: eine Gruppe von Leuten kämpft gegen etwas.

a

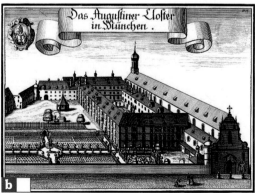

Das Augustiner Closter in München.

b

c

d

e

f

g

h

i

j

Lesen und Verstehen

3 Schreibe die Infos in die Tabelle.

Stadt	Jahr / Epoche	Ereignis	Sehenswürdigkeit
1 München	....	....	....
2	....	....	Neuschwanstein
3	....	Olympische Spiele	....
4	1835	....	....
5	....	Prozesse gegen Kriegsverbrecher	....
6	....	Weihnachtszeit	....
7	....	....	Treppenhaus mit
8 Bamberg	....	....	....

Österreich:
Fakten und Tatsachen

Nationalfeiertag: 26. Oktober.

Einwohner: 8,3 Millionen.

Ausländer: 9%.

Religion: Christen 78,3%, Moslems 4,2 %.

Hauptstadt: Wien.

Währung: Euro.

Telefonvorwahl: +43.

Höchster Berg: Großglockner 3 798 m.

Flüsse: die Donau, der Inn.

Seen: Neusiedler See, Attersee, Traunsee.

Landschaften: die Ostalpen, das Alpen- und Karpatenvorland, das Böhmische Massiv, das Vorland im Osten, das Wiener Becken.

Rohstoffe: Holz, Zellstoff, Stroh, Pflanzenöl, Biogas.

Exportgüter: Maschinen, Metalle, Papier, Textilien, Nahrung, Vieh.

Häfen: (Binnenhäfen) Wien, Krems, Enns und Linz.

Fahrradwege: über 10 000 km.

Map labels:

TSCHECHISCHE REPUBLIK

SLO-WAKEI
BRATIS-LAVA

Stuttgart

Bayern

Donau

Niederösterreich

Donau

DEUTSCHLAND

Ober-österreich

Linz

Sankt Pölten

WIEN

Wien

München

Bur-gen-land

Salzburg

ÖSTERREICH

UN-GARN

Watzmann 2713 m

Bayerische Alpen

Hochgolling 2863 m

Steiermark

Zugspitze 2996 m

Bregenz

Vorarl-berg

Innsbruck

Salzburg

Graz

Allgäu

Bodensee

VADUZ

Tirol

Großglockner 3767 m

N

SCHWEIZ

LIECHTEN-STEIN

Silvretta

Wildspitze 3774 m

Tirol

E

Kärnten

Klagenfurt

Grau-bünden

Piz Kesch 3418 m

Südtirol

Dolomiten

Trentino-

P

Bozen

Marmolada 3343 m

Triglav 2864 m

Karawanken

Piz Bernina 4049 m

Cima Brenta 3150 m

Alto Adige

Friaul-Julisch Venetien

LJUBLJANA

KROATIEN

ITALIEN

Trient

SLOWENIEN

ZAGREB

Deine **Recherche**

1 Suche auf der Landkarte Österreichs Berge, Flüsse und Seen.

2 Die Nachbarländer von Österreich sind

im Norden: ....

im Osten: ....

im Süden: ....

im Westen: ....

das erste mal

16

wählen mit 16

Seit 2007 dürfen junge Österreicher ab 16 Jahren wählen →

Hauptstadt: Eisenstadt.

Typisch: Früher Königreich Ungarn, immer noch mehrsprachig. Name auf Kroatisch *Gradišce*, auf ungarisch *Felsoorvidék*, *Orvidék* oder *Lajtabánság*.

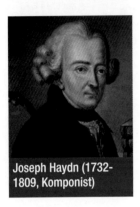

Joseph Haydn (1732-1809, Komponist)

↑ Schloss Esterhazy

↓ Aufmerksame Zuhörer beim Rockfestival von Wiesen

Musik und Wein

Die universelle Sprache? Kein Zweifel, Musik! Wie Joseph Haydn sagte: „Musik versteht man in der ganzen Welt." Eisenstadt und Joseph Haydn: mehr als vierzig Jahre lebte und komponierte er auf Schloss Esterházy, damals Zentrum des höfischen Lebens im Königreich Ungarn. Heute kommen zu den Haydn-Festspielen Musikliebhaber aus der ganzen Welt. Aber auch Rock, Reggae und Jazz sind im Burgenland zu Hause, zum Beispiel in Wiesen. Von Juni bis September wird die Stadt Treffpunkt für Jugendliche aus ganz Österreich und dem benachbarten Ausland.

Und nicht zuletzt: das Burgenland ist nach Niederösterreich das wichtigste Weinbaugebiet Österreichs.

Lesen und Verstehen

1 Verbinde die Satzteile.

1 ☐ Haydn meint,
2 ☐ Schloß Esterházy
3 ☐ In Wiesen finden jedes Jahr
4 ☐ Das Burgenland ist das Zweitwichtigste
5 ☐ Die Haydn-Festspiele

a viele Konzerte für alternative Musik statt.
b sind ein internationaler Treffpunkt.
c Weinbaugebiet Österreichs.
d war ein Kulturzentrum in Ungarn.
e dass Musik eine universelle Sprache ist.

> **Hauptstadt:** Klagenfurt.
> **Typisch:** Name auf Slowenisch *Koroškem*,
> Touristen schätzen Berge und Seen.

Peter Handke (*1942,
Schriftsteller)

⬆ Bedrohlich? Der Drachen von Klagenfurt

⬇ Fast wie in der
Wirklichkeit: das Space
Shuttle von Minimundus

Klagenfurt: Drache und Minimundus

Klagenfurts Wahrzeichen ist schon seit 1287 ein geflügelter Drache. Nach der Sage lebte der Drache in einem <u>Sumpf</u> und ernährte sich von Jungfrauen. Nur mit einem Trick konnten mutige Männer ihn umbringen und die Stadt befreien.

In Klagenfurt und doch in drei Stunden rund um die ganze Welt? Möglich nur in Minimundus, der *Kleinen Welt am Wörther See*. Hier stehen 170 Miniaturbauten aus fünfzig Staaten der Erde. Das größte Modell ist der Petersdom aus Rom, das höchste der CN Tower aus Toronto. Besonders interessant: die Kathedrale *Sagrada Familia* aus Barcelona und das Space Shuttle. Jede Stunde simuliert es einen Start in das <u>All</u>. Mit Rauch und Dampf erhebt es sich drei Meter über den Boden.

Lesen und Verstehen

1 Richtig oder falsch?

	R	F
1 Der Drache ist das Symbol von Klagenfurt.	☐	☐
2 Er lebte im Wald und fraß gern kleine Kinder.	☐	☐
3 Man kann in Minimundus Miniaturbauten aus 200 Staaten der Welt bewundern.	☐	☐
4 Aus Spanien ist hier das Modell der Kathedrale von Madrid.	☐	☐
5 Eine besondere Attraktion ist das Space Shuttle, es kann sogar ein wenig fliegen.	☐	☐

Deine neuen Wörter

s **All** (nur Sg.): Kosmos.
r **Sumpf**, "e : ungesunder, feuchter Boden mit Wasser.

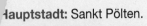

Hauptstadt: Sankt Pölten.
Typisch: größtes Bundesland Österreichs, wichtiges Weinbaugebiet an der Donau.

↑ Das berühmte Kloster Melk an der Donau

Franz Binder (1911-89, legendärer Fußballer)

↓ Fans der Fußballmannschaft Österreich

Fußball-Legende Bimbo

Franz Binder, Sohn einer einfachen Arbeiterfamilie, war einer der berühmtesten Fußballer Österreichs. Sein Spitzname *Bimbo* stammt von einem Schauspieler, der Binder sehr ähnlich war. In seinem Fußballleben hat Binder mehr als 1 000 Tore für den Verein SK Rapid Wien geschossen.
Der Höhepunkt seiner Karriere war am 22. Juni 1941. Rapid spielte vor 100.000 Zuschauern im Berliner Olympiastadion im Finale der deutschen Meisterschaft gegen Schalke 04. Von 0:3 konnte Stürmer Bimbo die Situation retten und 4:3 gewinnen. 1949 wurde Binder Fußballer des Jahres. Später arbeitete er als Trainer in Holland und in Deutschland. *Bimbo* ist noch heute Vorbild für die österreichischen Nationalspieler.

Lesen und Verstehen

1 Weißt du die Antwort?

    1 Geburtsdatum und Familie: ....

    2 Beruf: ....

    3 Grund des Spitznamens: ....

    4 Tore im Finale 1941: ....

    5 1949: ....

    6 Zweite Karriere: ....

Deine Meinung

2 Gibt es Fußball-Legenden in deinem Land?

Deine neuen Wörter

r Spitzname, n: ein zweiter inoffizieller Name.
r Stürmer,-: Position im Fußball, Angreifer.

Hauptstadt: Linz.
Typisch: 86 Naturschutzgebiete und der Nationalpark Kalkalpen.

Johannes Kepler (1571-1630, Astronom)

↑ Natur pur in Oberösterreich

Linz: eine Stadt erlebt viele Epochen

Deine neuen Wörter

- **r Binnenhafen, :** Hafen an einem Fluss.
- **s Dampfschiff, e:** Schiff mit Dampfmotor.
- **wie eh und je:** wie immer.

Linz war schon unter den Kelten und Römern bekannt. 1497 entstand hier die dritte Donaubrücke in Österreich. Ab Mitte des 19. Jahrhunderts fuhren <u>Dampfschiffe</u> auf der Donau und Linz wurde mit der Industrialisierung ein wichtiger <u>Binnenhafen</u>. Aus dem grauen und schmutzigen Linz von früher ist heute die „naturfreundlichste Gemeinde Österreichs" geworden. Aber unverändert und lecker <u>wie eh und je</u>: die Linzer Torte.

Ein jahrhundertealtes Rezept: die Linzer Torte

Lesen und Verstehen

1 Weißt du die Antwort?

1 Gab's die Stadt schon zur Zeit der Römer?
2 Wann entstand die Donaubrücke?
3 Welche Folgen hatte die Industrialisierung in Linz?
4 Wie ist die Umwelt in der Stadt heute?
5 Was ist immer noch unverändert?

Oberösterreich
Wien
Niederösterreich
Steiermark Burgenland
Vorarlberg
Tirol **Salzburg**
Kärnten

Hauptstadt: Innsbruck.
Typisch: Land aus drei Teilen: Nord- und Osttirol gehören als Bundesland Tirol zu Österreich, Südtirol zu Italien.

Nicole Hosp (*1983, Skirennläuferin)

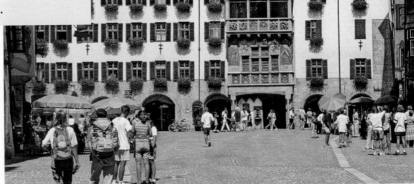

↑ Das goldene Dachl im Zentrum von Innsbruck

Ein Tiroler erzählt ↓

Meyer oder Maier?

„Hallo, mein Name ist Hermann Meyer, aber ich bin nicht der Skiweltmeister und Olympiasieger Hermann Maier! Wer kennt ihn nicht? Seine Teilnahme an den Olympischen Winterspielen 1998 in Nagano war spektakulär. Er gewann zweimal Gold und bekam den Spitznamen *Herminator*. Natürlich kenne ich auch Nicole Hosp. Die ist Klasse! 2007 hat sie die Goldmedaille im Riesenslalom gewonnen und wurde „Sportlerin des Jahres". Mein Land, der österreichische Teil der Alpenregion Tirol, ist ein echtes Paradies für Skifahrer. Die Olympischen Winterspiele waren schon zweimal in Innsbruck: 1964 und 1976. Aber nicht nur im Skifahren sind wir Tiroler stark. Ein legendärer Formel 1-Fahrer aus unserer Region ist Gerhard Berger. Von 1984 bis 1997 fuhr er für Ferrari und McLaren in der Formel 1. Berger ist fast so populär wie Niki Lauda, die frühere österreichische Nummer 1 im Autorennen."

Lesen und Verstehen

1 Richtig oder falsch?

R F

1 Hermann Meyer ist mit dem Olympiasieger nicht verwandt. ☐ ☐

2 Der Skifahrer Hermann Maier hat 1998 zwei Goldmedaillen gewonnen. ☐ ☐

3 Nicole Hosp war 2005 Sportlerin des Jahres. ☐ ☐

4 Tirol ist für Skifahrer nicht attraktiv. ☐ ☐

5 Gerhard Berger ist auch ein Olympiasieger. ☐ ☐

6 Er ist fast so bekannt wie Niki Lauda. ☐ ☐

Deine Meinung

2 Treibst du auch gern Winterport? Gibt's auch in deinem Land gute Skipisten?

Deine Recherche

3 In welcher Sportart hat dein Land schon Goldmedaillen gewonnen? Internet kann dir helfen.

Hauptstadt: Salzburg.
Typisch: Mozartfestspiele, Salzburger Nockerln.

Wolfgang Amadeus
Mozart (1756-91,
Komponist)

⬆ Ein Brunnen in Salzburg

Mozart, das Wunderkind ohne Kindheit

Hören und Verstehen

1 UNMÖGLICHES INTERVIEW: IM MOZART-MUSEUM
Richtig oder falsch?

		R	F
1	In seiner Kindheit durfte Mozart nie spielen.	☐	☐
2	Er hatte keine Geschwister.	☐	☐
3	Zuerst lernte er Klavier spielen und dann schreiben.	☐	☐
4	Sein erstes Konzert hatte er mit 10 Jahren.	☐	☐
5	Vater und Kinder sind viel in Deutschland gereist.	☐	☐
6	Er war oft frech.	☐	☐
7	Als er starb, war seine Frau bei ihm.	☐	☐

Deine Meinung

2 Liebst du auch Musik? Welche gefällt dir? Kennst du Kompositionen von Mozart?

⬆ Auch aus Salzburg:
Dirigent Herbert von
Karajan (1908-1989)
Schon mit vier Jahren
lernte er Klavier spielen.
Das Wichtigste in seinem
langen, erfolgreichen
Leben war die Musik, vor
allem die von Mozart.

Hauptstadt: Graz.
Typisch: Grünes Herz Österreichs mit Wald, Wiesen, Weiden, Obst- und Weingärten.

Elfriede Jelinek (*1946, Schriftstellerin. Literaturnobelpreis 2004)

⬆ Ganz in Weiß: die Steiermark im Winter

Von der Steiermark nach Kalifornien: Arnold Schwarzenegger

Hören und Verstehen

1 Rekonstruiere den Lebenslauf von Arnold Schwarzenegger.

1 Geburtsdatum und Familie: ....
2 Sport und erster Erfolg: ....
3 Auswanderung: ....
4 Karriere als Schauspieler: ....
5 Studium: ....
6 Heirat und politische Karriere: ....

Deine Meinung

2 Schwarzenegger: vom Mister Universum zum *Governator*. Kennst du andere Menschen, die zuerst Sportler oder Filmstar waren und dann eine wichtige politische Rolle bekommen haben?

⬆ Ein Österreicher in den USA: Arnold Schwarzenegger

Bregenz und der Bodensee →

Landeshauptstadt: Bregenz am Bodensee.
Typisch: Grenzregion, Dreiländereck mit Deutschland, der Schweiz und Lichtenstein.

Käsespätzle

Vorarlberg, meine neue Heimat

„Hallo, mein Name ist Erkan. Ich bin 16. Meine Familie kommt aus Ankara. Wir sind vor 12 Jahren nach Österreich gekommen. Ich habe hier in Bregenz die Schule besucht. Zuerst habe ich es schwer gehabt. Ich verstand die Sprache nicht und habe meine Eltern immer wieder gefragt: „Warum sind wir weggegangen aus der Türkei?" Sie sagten: „Hier gibt es mehr Arbeit."

Neulich habe ich in einer Zeitung gelesen: Österreich ist ein klassisches Einwanderungsland. Und das Bundesland Vorarlberg hat neben Wien die meisten Migranten, Die größte Gruppe sind wir aus der Türkei. Auch viele Deutsche arbeiten hier. Denn es gibt viel weniger Arbeitslosigkeit als in Deutschland. Die Deutschen haben natürlich keine Sprachprobleme. Und sie wohnen um die Ecke.

Denn Vorarlberg liegt am Dreiländereck und grenzt an Deutschland und an die Schweiz. Tja, natürlich fehlt mir die Türkei, aber das Leben in den kleinen Städten ist weniger stressig als in der Türkei oder in Deutschland und ... auch billiger! Und das Essen ist auch toll. Bregenzer Käsespätzle schmecken mir ganz toll. Da vergesse ich fast mein Döner Kebap."

↑ Erkan erzählt

Deine neuen Wörter

e **Einwanderung**: *von dem Verb* **einwandern**: die Heimat verlassen und in ein anderes Land gehen.

e **Heimat**(*nur Sg*): da ist man geboren.

r **Migrant, en**: jemand verlässt die Heimat.

Lesen und Verstehen

1 Verbinde die Satzteile.

1 ☐ Erkan kommt aus Ankara
2 ☐ Alle Migranten verlassen die Heimat,
3 ☐ Die größte Gruppe
4 ☐ Eine große Gruppe
5 ☐ Erkan isst gern

a kommt aus der Türkei.
b kommt auch aus Deutschland.
c österreichische Spezialitäten.
d weil sie ein besseres Leben suchen.
e und hat in Bregenz die Schule besucht.

Sehr beliebt bei Touristen:
Schloss Schönbrunn

Hauptstadt: Wien und zugleich Bundesland.
Typisch: Weltstadt der Musik und der Kaffehäuser.

Falco (1957-98, Sänger)

Unsere Klassenreise nach Wien

Also, angefangen hat alles mit dem Neujahrskonzert am ersten Januar. Als Hausaufgabe für die Weihnachtsferien sollten wir uns das Konzert der Wiener Philharmoniker anhören. Das war einfach toll: die Musik und die Atmosphäre, das elegante Publikum. Damit war klar: unsere Klassenfahrt im Sommer geht nach Wien.

Wien ist ein Mix aus Tradition und Moderne, hier der <u>Fiaker</u>, dort die Skateboarder. Aber das ist längst nicht alles: Schloss Schönbrunn und der Belvedere, der Prater mit dem Riesenrad, der Stephansdom, die Kaffeehäuser, der Naschmarkt, die Lipizzaner in der Hofburg, der Tiergarten als ältester Zoo der Welt, das Hundertwasserhaus ... und das Donauinselfest. Unser Programm war wirklich voll.

↑ Das Hundertwasserhaus

Der Stephansdom ↓

Deine neuen Wörter

r Fiaker,-: typische Pferdekutsche.

Eine Sprache für sich: Österreichisch

Also, zuerst hatten wir ja richtige Sprachprobleme. Zum Glück ist unsere Klassenlehrerein, Frau Gasperschitz, eine echte Wienerin. Die hat dann übersetzt.

Wir fahren nicht mit der Straßenbahn, sondern mit der *Bim*. Beim Einsteigen sagt die Schaffnerin *Grüß Gott* und beim Aussteigen *Servus*. Dann gehen wir in den Supermarkt. In unser *Sackerl* kommen *Erdäpfel*, *Fisolen*, *Karfiol* und natürlich auch *Paradeiser*. Obst brauchen wir auch: *Ribisel* und *Marillen*. Jetzt aber ins Kaffeehaus auf einen Kaffee. Aber welchen? Das Angebot ist so groß. Ein *Einspänner* oder lieber *Wiener Melange*? Und mit oder ohne *Schlagobers*? Und abends? Natürlich in ein *Beisl* oder zum *Heurigen*. Da gibt es *Hendl* und als Dessert *Marillenknödel*. Die *Serviererin* trägt ein schönes *Dirndl*, ist sehr freundlich und zum Abschied gibt es sogar ein *Bussi*.

Heuriger im Wiener Stadtteil Grinzing ↑

Marillenknödel →

↓ Einspänner

Lesen und Verstehen

1 Richtig oder falsch?

		R	F
1	Die Bim ist ein öffentliches Verkehrsmittel.	☐	☐
2	In einem Sackerl trägt man Lebensmittel.	☐	☐
3	Karfiol, Fisolen und Paradeiser sind Obst.	☐	☐
4	Schlagobers kann man mit Kaffee oder auch mit Kuchen essen.	☐	☐

Deine neuen Wörter

r Beisl: Kneipe.
s Bussi, s: Kuss.
s Dirndl,-: traditionelles buntes Kleid.
r Einspänner,-: schwarzer Kaffee im Glas mit viel Sahne und mit Puderzucker.
e Fisole, n: grüne Bohne.
s Hendl,-: s Hähnchen.
r Heurige, n: hier trinkt man jungen Wein.

r Karfiol (*nur Sg.*): Blumenkohl.
r Marillenknödel,-: Aprikose in einem Teigmantel.
r Paradeiser,-: Tomate.
e Ribisel, n: Johannisbeere.
s Schlagobers (*nur Sg.*): Schlagsahne.
e Serviererin, nen: Kellnerin.
e Wiener Melange (*nur Sg.*): Kaffee mit wenig Milch.

Hören und Verstehen

23 ## 2 GESPRÄCH MIT STEFANIE AUS WIEN
Was ist richtig oder falsch?

		R	F
1	Viele Sehenswürdigkeiten stehen an der Ringstraße.	☐	☐
2	Die Schüler gehen heute noch zum Prater.	☐	☐
3	Eine echte Sachertorte gibt es nur im Café Sacher.	☐	☐
4	Das Citybike ist gratis.	☐	☐
5	Der Eintritt zum Donauinselfest ist sehr teuer.	☐	☐

Das Riesenrad des Praters →

Musik, Walzer und ... tanzende Pferde!

Genau wie in unserer Internetrecherche: In Wien haben im 18., 19. und 20. Jahrhundert viele Komponisten gelebt und gearbeitet. Ihre Musik hört man überall in Wien, genau so wie den Wiener Walzer. Sogar Pferde tanzen! Wo? In der Spanischen Hofreitschule. Da mussten wir natürlich unbedingt hin. Die Lipizzaner-Pferde mit ihren Dressurkunststücken von der Pirouette bis zur Kapriole waren einfach toll.

← Die weltberühmten Lipizzaner-Pferde

Deine neuen Wörter

e **Hofreitschule, n:** hier lernen Menschen und auch Pferde reiten.
e **Dressur,-:** Disziplin, um Tiere zu trainieren.

Nightlife in Wien

Stefanie ist Klasse! Am Abend hat sie uns ins *B 72* mitgenommen. Das ist ein super Musikclub unter den Bögen der Stadtbahn. Und da waren doch tatsächlich zwei österreichische Sängerinnen, von ihnen hatten wir schon viel gehört. Madita war auf der Bühne und Christina Stürmer mitten im Publikum. Madita hat ihre besten Pop-und Jazznummern gesungen. Und alle haben getanzt. Am Ende hat sogar jeder von uns ein Autogramm gekriegt.

Madita →

Christina Stürmer →

Vom Naschmarkt über den Flohmarkt ...

Nach der langen Nacht im B 72 kamen wir am nächsten Morgen kaum aus dem Bett. Wir mussten, nein wir wollten zum Naschmarkt. Frau Gasperschitz hat uns den Namen erklärt: *naschen*, heißt etwas <u>Leckeres</u>, oft Süßes, probieren. Der Naschmarkt, mitten im Zentrum, nicht weit von dem historischen Gebäude der Secession, ist der größte Markt in Wien mit 172 Ständen, vielen Geschäften und Lokalen.

Gleich daneben findet an jedem Samstag der größte <u>Flohmarkt</u> Wiens statt: eine Mischung aus Kitsch und Second-Hand-Klamotten, <u>Krimskrams</u> und Antiquitäten. Jeder von uns hat etwas gefunden. Unser persönliches Souvenir aus Wien.

> **Deine neuen Wörter**
>
> **r Flohmarkt, ¨e:** da kauft man alte Sachen.
> **r Krimskrams:** (*nur Sg.*): viele kleine billige Dinge.
> **lecker:** sehr gut zum Essen.
> **e Selbstzerstörung, en:** man macht sich selbst kaputt.

↑ Der Wiener Naschmarkt

... zu Falco und Mozart

Der letzten Abend gehörte dem Sänger Falco. Schon im Unterricht hat uns Frau Gasperschitz viel über Falcos kurzes Leben erzählt. Für die Klassenfahrt hatten wir alle seine Lieder in unseren MP3-Playern. Einige von uns sahen im Kino den Film *Falco — Verdammt, wir leben noch!* Andere wollten lieber in das Musical *Falco meets Amadeus*. Die beiden Genies, Falco und Wolfgang Amadeus Mozart, auf dem Weg zur <u>Selbstzerstörung</u>.

Hören und Verstehen

 3 **UNMÖGLICHES INTERVIEW: FALCO UND NIKI LAUDA**
Trage die Infos in die Tabelle ein.

Falco		Niki Lauda	
1 Geburtsdatum und echter Name:		1 Geburtsdatum:	
2 Erster Anfang mit der Musik:		2 Erstes Auto:	
3 Höhepunkt seiner Karriere.		3 1975:	
4 Bekanntester Titel.		4 Unfall:	
5 Tod:		5 Fluggesellschaft:	

Assoziogramm

1 Welche Wörter verbindest du mit *Österreich*?

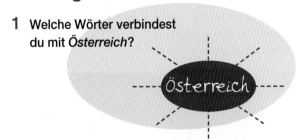

Etappen der österreichischen Geschichte

1 Um 15 v. Chr. besetzen die Römer den größten Teil des heutigen Österreichs und gründen nahe der Donau *Vindobona*.

2 Vom 15. bis zum 17. Jahrhundert versuchen Türken immer wieder Wien zu erobern, aber ohne Erfolg.

3 1740 wird Maria Theresia (1717- 1780) die erste österreichische Kaiserin.

4 Ab 1805 wird Österreich ein Vielvölkerstaat. Außer Deutsch spricht man auch Ungarisch, Italienisch, Tschechisch, Polnisch, Ukrainisch, Rumänisch, Kroatisch, Serbisch, Slowakisch und Slowenisch.

5 Während der Österreichisch-Ungarischen Monarchie (auch k.u.k, d.h. kaiserlich-königliche Monarchie genannt) werden die Nationalitätenkonflikte immer stärker. Im Juni 1914 ermorden serbische Nationalisten in Sarajewo den österreichischen Thronfolger.

6 Während der ersten österreichischen Republik (1918—1938) sympathisiert der *Austrofaschismus* mit dem Deutschen Reich.

7 Der *Anschluss* an das Dritte Reich: Im März 1938 marschieren deutsche Truppen in Österreich ein.

8 Nach dem Zweiten Weltkrieg sind Österreich und Wien (genau so wie Deutschland und Berlin) in vier Besatzungszonen aufgeteilt. Im Mai 1955 entsteht die Bundesrepublik Österreich.

9 Drittes Millennium: Wien hat eine wichtige Rolle in der UNO, u.a. weil es die Kontakte mit den OPEC-Staaten pflegt.

Deine neuen Wörter

r Anschluss, "e: *Substantiv vom Verb* anschließen.

ermorden: umbringen, töten.

r Thronfolger, -: er wird später König.

r Vielvölkerstaat, -en: hier leben viele Völker.

Sehen und Verstehen

2 Vorbinde Text und Bild.

a

b

c

d

Lesen und Verstehen

3 Verbinde die Satzteile

1 ☐ Vindobona haben die Römer
2 ☐ Drei Jahrhunderte lang sind die Türken
3 ☐ Im 18. Jahrhundert wird eine Frau
4 ☐ Im 19. Jahrhundert
5 ☐ Die Nationalitätenkonflikte in der k.u.k Monarchie
6 ☐ Zur Zeit der ersten österreichischen Republik
7 ☐ Im März 1938 besetzen
8 ☐ Erst 1955 entsteht
9 ☐ Heute hat Österreich

a leben im österreichischen Kaiserreich viele Völker.
b führen 1918 zum Attentat in Sarajewo.
c gibt es viele Kontakte mit dem deutschen Nationalsozialismus.
d eine große Gefahr für Wien.
e nationalsozialistische Truppen Österreich.
f schon vor Christus an der Donau gegründet.
g die Bundesrepublik Österreich.
h eine wichtige Rolle in der UNO.
j österreichische Kaiserin.

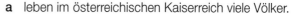

Deine Recherche

4 War dein Land früher eine Monarchie? Hat das Volk die Könige oder Kaiser geliebt oder gehasst? Was für eine Regierung gibt es heute in deinem Land?

Die Schweiz: Fakten und Tatsachen

Nationalfeiertag: 1. August

Einwohner: 7,6 Millionen (davon zirka 5 Millionen deutschsprachig).

Ausländer: 20,6%Ausländer.

Religion: Christen 79%, Moslems 4%.

Hauptstadt: Bern.

Währung: Schweizer Franken

Telefonvorwahl: +41.

Höchster Berg: Dufourspitze 4 634 m.

Flüsse: der Rhein, die Rhone.

Seen: Genfer See, Bodensee, Lago Maggiore, Neuenburger See, Vierwaldstättersee, Zürichsee.

Landschaften: der Jura, das Mittelland, die Voralpen, die Alpen und die Alpensüdseite.

Rohstoffe: Wasserkraft, Granit, Salz.

Exportgüter: Chemikalien, Elektronik, Maschinen, Milchprodukte, Schokolade, Präzisionsinstrumente, Uhren.

Häfen: Basel.

Fahrradwege: 7 762 km.

1	Aargau
2	Appenzell
3	Basel
4	Bern
5	Freiburg
6	Luzern
7	Schaffhausen
8	Schwyz
9	St. Gallen
10	Solothurn
11	Zug
12	Zürich

DEUTSCHLAND
Bodensee
Thurgau
Bregenz
FRANK-REICH
Jura
ÖSTERREICH
Neuenburg
VADUZ
BERN
Ob-/Nidwalden
Glarus
LIECHTENSTEIN Silvretta
Uri
Graubünden
Piz Kesch 3418 m
SCHWEIZ
Blinnenhorn
3374 m Tessin
Piz Bernina 4049 m
Genf
Wallis
ITALIEN
Matterhorn 4478 m
Mte Rosa 4634 m
Mont Blanc 4807 m
Aosta
Lombardei
Waad

Deine Recherche

1 Suche auf der Landkarte Berge, Flüsse und Seen der Schweiz.

2 Die Nachbarländer der Schweiz sind

im Norden: ....   im Süden: ....

im Osten: ....   im Westen: ....

Das gibt es nur in der Schweiz

Ganz deutschsprachig sind 17 Kantone, einige Kantone sind zweisprachig oder sogar dreisprachig.

Der Name: Das Autokennzeichen CH kommt von dem lateinischen Namen *Confoederatio Helvetica*, Schweizerische Eidgenossenschaft, ein Bund von 26 Kantonen. Jeder Kanton hat eine eigene Verfassung.

Die Sprachen: In der Schweiz gibt es vier offizielle Landessprachen: Deutsch 63,7%, Französisch 20,4%, Italienisch 6,5%, Rätoromanisch 0,5%.

Der Militärdienst: alle Männer zwischen 20 und 35 müssen regelmäßig zum Wehrdienst. Die Reservisten behalten zu Hause die Waffen.

Die nationale Identität: Die Schweizer haben eine starke, nationale Identität. Sie sind auch stolz, als neutraler und mehrsprachiger „Kleinstaat" in Europa einen „Sonderfall" zu bilden.

Die direkte Demokratie: Kein Volk hat so viel politische Macht. Das Volk kann über Initiativen und Referenden direkten Einfluss auf die Regierungstätigkeit nehmen.

Deine neuen Wörter

r Eid, e: ein feierliches Versprechen.

e Verfassung, en: Regeln in einem Staat: Rechte und Pflichten der Bürger.

s Wehrdienst, e: militärische Ausbildung.

Lesen und Verstehen

3 Richtig oder falsch?

		R	F
1	In der Schweiz spricht 80% der Bevölkerung Deutsch.	☐	☐
2	Die Schweiz ist ein Bund von 26 autonomen Kantonen.	☐	☐
3	Mit 19 Jahren müssen alle jungen Männer 12 Monate lang zum Wehrdienst gehen.	☐	☐
4	Jeder Schweizer kann die Politik des Landes selbst beeinflussen.	☐	☐

Schaffhausen Thurgau

Hauptort: Schaffhausen. **Typisch:** der Rhein mit dem Rheinfall.	**Hauptort:** Frauenfeld **Typisch:** Naturschutz durch Recycling

Natur und Naturschutz

Grandiose Natur: der Rheinfall bei Schaffhausen ist der größte Wasserfall Europas. Das Rheintal ist hier 23 Meter hoch und 150 Meter breit. Zu Fuß kommt man dem Wasserfall so nahe, dass Fotografen und Fotografierte nass werden. Der Lärm der Wassermassen ist so stark, dass man fast nichts hören kann.

Die Schweiz hat viele Einwohner und auch viel Industrie. Sie musste sich also früh mit Umweltproblemen und Naturschutz beschäftigen. So sind die Schweizer wirklich „Weltmeister" im Recycling von Abfällen geworden. Zum Beispiel entstehen im Kanton Thurgau aus Plastikflaschen Füllungen für Schlafsäcke.

↑ Der Rheinfall bei Schaffhausen

> **Deine neuen Wörter**
>
> **r Abfall,** ¨e: Müll.

Lesen und Verstehen

1 Verbinde die Satzteile.

1 ☐ Der Rheinfall bei Schaffhausen
2 ☐ Man kann zu Fuß oder mit einem Boot
3 ☐ Am Wasserfall ist es so laut,
4 ☐ Das Problem Naturschutz
5 ☐ Die Schweiz hat
6 ☐ Im Kanton Thurgau

a dass man wie taub ist.
b haben die Schweizer schon vor langer Zeit gelöst.
c das beste Recycling-System der Welt.
d macht man aus altem Plastik viele nützliche Dinge.
e den Rheinfall bewundern.
f ist der größte Wasserfall der Schweiz.

↓ Papier wartet auf Recycling

Hauptort: Appenzell und Herisau.
Typisch: bis 1597 ein einziger Kanton, danach geteilt in Ausserrhoden (protestantisch) und Innerrhoden (katholisch).

Hauptort: St. Gallen.
Typisch: Spitzen von St. Gallen.

← Ein typischer Bauernhof in den Schweizer Alpen

Kleid mit Spitzen aus Sankt Gallen ↓

Ferien beim Bauern mit Halt in St. Gallen

Hallo Klaus!
Endlich bin ich wieder online. Wie geht's dir? Ich war drei Wochen auf einem Bauernhof in Appenzell. Da gab es kein Internet. Weißt du, dass in diesem Kanton Frauen erst 1990 das Stimmrecht bekommen haben? Jedenfalls: arbeiten auf dem Bauernhof ist ganz schön anstrengend. Aufstehen um fünf Uhr morgens, Tiere <u>füttern</u>, Kühe <u>melken</u>, <u>Heu ernten</u>, Obst pflücken. Aber auch radfahren, reiten, im See baden und natürlich Milch, Quark, Käse, Eier und Obst, alles superfrisch! Auf der Rückfahrt war ich einen Nachmittag in St. Gallen. Die Stadt ist bekannt für ihre Spitze. Die gab es schon im 19. Jahrhundert. Für meine kleine Schwester habe ich ein Kleidchen mit echt St. Gallener Spitze gekauft. So und jetzt bist du dran. Wie waren deine Ferien in den Bergen?
Bis bald
dein Florian

Lesen und Verstehen

1 Weißt du die Antwort?

1 Dauer der Ferien auf dem Bauernhof: ....

2 Kuriose Info über Appenzell: ....

3 Arbeit auf dem Hof: ....

4 Positives vom Leben auf dem Lande: ....

5 Typisches Produkt von St. Gallen: ....

6 Geschenk für die Schwester: ....

Deine neuen Wörter

ernten: Obst, Gemüse und Gras pflücken und sammeln.
füttern: Tieren Essen geben.
s Heu *(nur Sg.)*: geschnittenes Gras.
melken: Milch von einem weiblichen Tier nehmen.

Hauptort: Altdorf.
Typisch: Heimat des Nationalhelden Wilhelm Tell.

Hauptort: Glarus.
Typisch: seit Mai 2007 Wahlrecht ab 16 Jahren.

WilhelmTell-Denkmal in Altdorf

Wilhelm Tells Sohn Walter erzählt

„Also, mein Vater ist ein Held. Alles ok, aber wer denkt an mich? Ich hatte zwar <u>Vertrauen</u> in meinen Vater und wusste, dass er gut schießen kann, aber ... Angst hatte ich schon.

Na ja, die Geschichte ist weltbekannt: der habsburgische <u>Vogt</u> Gessler hatte in Altdorf einen Hut auf eine Stange gesteckt und wollte, dass die Einwohner den Hut grüßten. Mein Vater machte es nicht und Gessler befahl ihm, auf einen Apfel auf meinem Kopf zu schießen. Vater wollte es zuerst nicht tun, hat dann aber doch den Apfel getroffen. Mir ist nichts passiert! Und wenn doch? Vater hatte einen zweiten <u>Pfeil</u> bei sich. Der war für den Vogt.

Also Ende gut, alles gut. Aber von Äpfeln habe ich die Nase voll."

Deine neuen Wörter

r Pfeil, e: ein dünnes Stück Holz mit einer scharfen Spitze.
s Vertrauen: an jmd glauben.
r Vogt, ¨e: mittelalterliches Wort für Beamter, Verwalter.

Lesen und Verstehen

1 Verbinde die Satzteile.

1	Walter	**a**	dass die Einwohner von Altdorf den Hut grüßten.
2	Der Vogt Gessler wollte,	**b**	auf dem Kopf seines Sohnes schießen.
3	Wilhelm Tell wollte den Befehl	**c**	hat seit damals keinen Apfel mehr gegessen.
4	Er musste auf einen Apfel	**d**	hatte große Angst.
5	Walter	**e**	nicht respektieren.

Hören und Verstehen

2 UNMÖGLICHES INTERVIEW: WILHELM TELL UND BERNHARD RUSSI
Richtig oder falsch?

R F

1 Bernhard Russi hat in Sapporo die Goldmedaille gewonnen.
2 Wilhelm Tell selbst weiß nicht mehr, was Legende und was Wirklichkeit ist.
3 Russi findet es toll, dass Tell die Habsburger bekämpft hat.
4 Die Einwohner von Andermatt sprechen über ein Projekt.
5 Das Projekt des ägyptischen Investors gefällt Tell und Russi sehr gut.

 # Schwyz

 # Zug

Hauptort: Schwyz.
Typisch: Aus dem Namen Schwyz entsteht später *Schweiz*.

Hauptort: Zug.
Typisch: der kleinste, aber einer der reichsten Kantone der Schweiz.

↑ Der Vierwaldstättersee grenzt an die Kantone Uri, Unterwalden, Schwyz und Luzern.

 ## Ein Söldner erzählt

„Ja, ich war ein Söldner. Die Schweiz war nicht immer ein reiches Land. Im 15. und 16. Jahrhundert gingen junge und arme, aber mutige Männer als Söldner in fremde Länder. Das Wort *Söldner* bedeutet, dass wir einen *Sold*, das heißt Geld bekamen, um für fremde Länder zu kämpfen. Daher auch das heutige Wort *Soldat*. Unsere Arbeit war gefährlich. Viele sind dabei gestorben, aber wer Glück hatte, hat gut verdient.
Aus der ganzen Schweiz und besonders aus dem Kanton Schwyz kamen die Söldner. Aus dem Ausland, vor allem aus Frankreich und Italien, brachten wir dann neue Ideen mit. Das war wichtig für die Entwicklung unseres Landes."

Lesen und Verstehen

1 Richtig oder falsch?

		R	F
1	Im 15. und 16 Jahrhundert kämpften viele Schweizer als Söldner in Europa.	☐	☐
2	Die Söldner bekamen Geld, um für die Schweiz zu kämpfen.	☐	☐
3	Viele Söldner sind bei diesem Job reich geworden.	☐	☐
4	Die meisten Söldner kamen aus dem Kanton Zug.	☐	☐
5	Die Söldner brachten neue Ideen aus dem Ausland mit.	☐	☐

↑ So sahen die schweizerischen Söldner früher aus.

Hauptort: Stans
Typisch: Halbkanton, Maschinenbau, Apparate für Medizin-Chirurgie, Optik und Elektronik.

Hauptort: Sarnen.
Typisch: Halbkanton, früher Kanton Unterwalden als einer der drei Urkantone.

Jodeln und Alphornblasen: was ist denn das?

In Nidwalden will man die traditionelle Kultur am Leben halten: Jodeln und Alphornblasen.

Aber man jodelt nicht nur in der Schweiz, sondern auch in Bayern und in Südösterreich. Jodeln ist ursprünglich eine Art Kommunikation in den hohen Bergen von Hütte zu Hütte. Die Tradition ist inzwischen Mode geworden. Es gibt Clubs von begeisterten Jodlern, Jodelkurse und sogar ein Jodelfestival. Das Eidgenössische Jodlerfest findet jedes Jahr in Luzern statt.

Und das Alphorn? Das ist ein altes Musikinstrument aus Holz, ein Prototyp von allen Blasinstrumenten. Die Schweizer meinen, es ist eine Schweizer Erfindung, aber eigentlich gibt es solche Instrumente schon seit der Steinzeit in der ganzen Welt. Heute erlebt das Alphorn eine neue Blütezeit: in der Volksmusik, in der klassischen Musik, aber auch beim Jazz. Und selbstverständlich gibt es auch Kurse!. Also: wer will, kann Jodeln und Alphornblasen lernen.

← Das Alphorn ein unbequemes Instrument?
Nicht für die Schweizer.

Ein traditioneller Chor ↓

Lesen und Verstehen

1 Richtig oder falsch?

	R	F
1 Die traditionelle Kultur existiert in Nidwalden nicht mehr.	☐	☐
2 Es gibt Jodelfestivals, aber keine Jodelkurse.	☐	☐
3 Das Alphorn ist ein Musikinstrument aus Metall.	☐	☐
4 Auch das Alphorn ist heute wieder Mode.	☐	☐

Deine neuen Wörter

s Blasinstrument, e: in dieses Musikinstrument bläst man Luft.

Bern

Hauptort: Bern
Typisch: Der Bär im Bärengraben als Symbol der Stadt.

Ursula Andress (*1936, Schauspielerin und eins der ersten James Bond-Girls)

Das Zentrum von Bern, im Hintergrund der Uhrenturm

Der Eispalast auf dem Jungfraugletscher

Hi Diana,
bin zurück aus meinem Urlaub in der Schweiz. Alles war super, aber das beste? Der Eispalast auf dem Jungfraugletscher, echt irre! Stell dir vor, man kommt mit einer Zahnradbahn von Interlaken (568 m) hoch bis zum Gletscher auf 3 475 m. Zwei Bergführer haben 1934 begonnen, eine riesige Halle aus dem Gletschereis zu schneiden. Alles Handarbeit und mit einfachen Instrumenten. Im Eispalast sind Tiere wie Pinguine und Bären, ja ganze Zimmer mit Möbeln zu sehen und alles aus … Eis. Die Eisskulpturen muss ein Künstler jedes Jahr neu machen, denn der größte Feind ist die Wärme. Die produzieren die Besucher. Eine Klimaanlage kühlt die Außenluft, denn die Temperatur im Eispalast darf nicht über minus 2 Grad steigen. Du glaubst mir nicht? Dann guck dir die Fotos im Attachment an. Ach ja, und als Screensaver habe ich ein Panorama von den Schweizer Bergen mit Jungfrau und Mönch.
Ciao,
deine Maddy

Deine neuen Wörter

r Gletscher,-: große feste Masse aus Eis im Hochgebirge oder am Süd-und Nordpol.
e Zahnradbahn, en: eine besondere Bergbahn.

Lesen und Verstehen

1 Weißt du die Antwort?

1 Wie kommt man auf den Gletscher?
2 Wo fährt die Bahn ab?
3 Wie hoch ist der Gletscher?
4 Wer hat den Eispalast gebaut?
5 Was gibt es zu sehen?
6 Wie hoch ist die Temperatur im Eispalast?

Luzern

Hauptort: Luzern.
Typisch: die Kapellbrücke: die älteste gedeckte Holzbrücke der Welt.

← Ein Muss in Luzern: über die Kapellbrücke spazieren

Peter Bichsel (*1935, Schriftsteller)

Luzern, historische Stadt mit Comicfestival und Marathon

Luzern ist das wirtschaftliche Zentrum der Zentralschweiz. Die Stadt liegt am Vierwaldstättersee und am Fluss Reuss. Der trennt die Stadt in Altstadt und Neustadt, so dass viele Brücken die beiden Teile der Stadt verbinden. Wer gute Beine hat, kann Luzern beim Marathonlauf zu Fuß erleben. Der drittgrößte Marathon der Schweiz (nach dem Zürich- und dem Jungfrau-Marathon) findet Ende Oktober statt. Die Strecke führt an historischen Gebäuden vorbei wie Wasserturm und Kappelbrücke und durch die Altstadt. Für weniger Sportliche: jedes Jahr im Frühling präsentiert das Comicfestival Fumetto die neusten Comics und man kann sogar an einem internationalen Wettbewerb teilnehmen.

Lesen und Verstehen

1 Verbinde die Satzteile.

1. ☐ Die Stadt liegt
2. ☐ Viele Brücken verbinden
3. ☐ Im Oktober
4. ☐ Die Marathonläufer
5. ☐ Das Comicfestival *Fumetto*
6. ☐ Beim Comicfestival *Fumetto*

a findet in Luzern ein Marathonlauf statt.
b laufen durch die ganze Altstadt.
c ist ein Treffpunkt für ein internationales Publikum.
d kann man sogar an einem Wettbewerb teilnehmen.
e an dem Fluss Reuss.
f die beiden Teile der Stadt.

Hauptort: Solothurn.
Typisch: Feinmechanik (Uhren, Medizintechnik).

Hauptort: Aarau.
Typisch: politisch sehr konservativ, größter Industriekanton der Schweiz.

Blick auf Solothurn

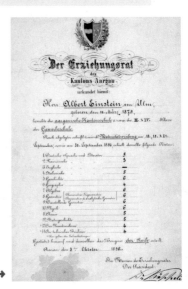

Albert Einstein
hat 1896
in Aarau
die Matura
(das Abitur)
gemacht →

Uhrenproduktion: Ein Lehrling erzählt

Gruezi, mein Name ist Urs Frei, ich bin 18 und Lehrling in einer berühmten Werkstatt für Uhrenproduktion in Solothurn. Es hat lange gedauert, bis ich die Lehrstelle bekommen habe. Aber es hat sich gelohnt! Mit diesem Job werde ich nie arbeitslos. Die Schweiz produziert fast 50% aller Uhren in der Welt. Für eine Uhr braucht man wenig Rohmaterial, aber viel Arbeitszeit. Eine Luxusuhr besteht aus über 300 Teilen. Manche Uhrmacher investieren bis zu 2000 Arbeitstunden in ihre teuren Meisterwerke.
Aber die ersten Uhren kamen nicht aus unserem Land, sondern aus Italien, Deutschland und Frankreich. Erst zu Beginn des 17. Jahrhunderts begann die Uhrenproduktion in Genf. Wir Schweizer waren schon immer gute Händler. Der Export von Uhren wurde schnell ein gutes Geschäft.

Lesen und Verstehen

 1 Suche die Infos im Text.

    1 Lehrlingsstelle von Urs Frei: ....

    2 Gründe seiner Wahl: ....

    3 Besonders bekannte Produktion in der Schweiz:
    ....

    4 Anteil Schweizer Uhren am internationalen Markt:
    ....

    5 Ursprung der Uhrenproduktion in Europa:
    ....

    6 Anfang der Uhrenproduktion in der Schweiz:
    ....

Basel

Hauptort: Basel
Typisch: liegt am Dreiländereck Schweiz-Deutschland-Frankreich, ist neben Zürich, das zweitgrößte Zentrum für Banken und Versicherungen.

↓ Der Rhein bei Basel, Europas wichtigste Wasserstraße

Roger Federer (*1981, Tennisspieler)

Basel: Rhein, Chemie und Fasnacht

Durch die zentrale Lage in Mitteleuropa hat Basel eine große wirtschaftliche Bedeutung und ist ein wichtiger <u>Verkehrsknotenpunkt</u>, denn der Rhein ist ab Basel <u>schiffbar</u>.

Basel ist Zentrum der Chemie- und der Pharmaindustrie, hat aber hat gleichzeitig das älteste Naturschutzgebiet der Schweiz: die Rheinhalde. Auch der Karneval hat in Basel eine lange Tradition: die Fasnacht dauert drei Tage und Nächte. Sie beginnt am Montag Morgen um vier Uhr mit dem *Morgestraich* (Morge<u>streich</u>) und endet am Donnerstag Morgen um vier Uhr mit dem *Endstreich*. In diesen 72 Stunden kann man auf den Straßen der Basler Innenstadt typische Masken und Gruppen bewundern.

Lesen und Verstehen

Basler Fasnacht →

1 Verbinde die Satzteile

1 ☐ Basel ist sehr wichtig in der Wirtschaft, denn
2 ☐ Basel ist ein bedeutender Verkehrsknotenpunkt, denn
3 ☐ In Basel legt man sehr viel Wert
4 ☐ Auch in Basel feiert man
5 ☐ Die Fasnacht dauert

a der Rhein ist ab hier schiffbar.
b auf Naturschutz.
c den Karneval.
d es gibt chemische und pharmazeutische Industrie.
e von Montag bis Donnerstag.

> **Deine neuen Wörter**
>
> **schiffbar:** Schiffe können hier fahren.
> **r Streich, e:** ein Scherz, um Leute zu ärgern.
> **e Verkehrsknotenpunkt, e:** hier treffen sich viele Wege und Straßen.

Zürich

Hauptort: Zürich.
Typisch: der größte und wirtschaftlich wichtigste Kanton, Sitz von Banken und Versicherungen.

Max Frisch (1911-91, Schriftsteller)

Zürich am Zürichsee ↑

Heidi gestern und heute

Heidi: sie hat keine Eltern mehr, lebt beim alten Großvater in den Alpen, mag die hohen Berge und ihr einfaches Leben mitten in der Natur. Ihre Tante bringt sie eines Tages nach Frankfurt zu einem <u>gelähmten</u> Mädchen, Klara. Die beiden Mädchen befreunden sich, aber Heidi kann ohne ihre Berge nicht leben. Sie muss zurück und im Jahr darauf kommt Klara zu ihr in die Berge und ... lernt wieder laufen! Ende gut-alles gut.

Der Roman der Schweizerin Johanna Spyri (1827-1901) erschien um 1880. Die Autorin war immer kritisch gegenüber der Schweiz und den <u>Lebensbedingungen</u> von Kindern und Frauen während der frühen Industrialisierung. Die Geschichte des <u>Waisenkinds</u> aus den Alpen ist mit Übersetzungen in fast 50 Sprachen in der ganzen Welt bekannt und noch heute gern gelesen. Heidi gibt es auch als Comic, als Kinofilm und sogar als *Heidi — Das Musical*. Jeden Sommer ist das Musical auf der Openair-Bühne am Walensee zu sehen und es ist immer wieder ein Riesenerfolg.

> **Deine neuen Wörter**
>
> **gelähmt:** man kann nicht laufen.
> **e Lebensbedingung, en:** wie man lebt.
> **s Waisenkind, er:** beide Eltern sind tot.

Lesen und Verstehen

1 Weißt du die Antwort?

1 Autorin von Heidi: ....
2 Erscheinungsjahr: ....
3 Hauptpersonen: ....
4 Hauptthema: ....
5 Übersetzungen: ....

Assoziogramm

1 Welche Wörter verbindest du mit der *Schweiz*?

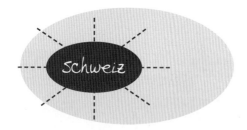

Schweiz

Die Schweiz

1 1291 schließen sich die drei ältesten Kantone Uri, Schwyz und Unterwalden zusammen, um ihre „alten Freiheiten" zu schützen. Der legendäre Freiheitskämpfer Wilhelm Tell wird zum Nationalhelden.

2 Papst Julius II. gründet 1506 die Schweizergarde. Seit mehr als 500 Jahren schützt sie den Vatikan. Die Soldaten tragen immer noch die traditionelle bunte Uniform.

3 Henry Dunant gründet 1864 in Genf das Rote Kreuz.

4 Mit der Schweizerischen Bundesverfassung 1848 entsteht die heutige Schweiz, die *Confederatio Helvetica*.

5 Während der beiden Weltkriege bleibt die Schweiz neutral. Zur Zeit des Nazionalsozialismus und im Zweiten Weltkrieg <u>flüchten</u> nicht nur Juden in die Schweiz. Aber nur Flüchtlinge aus politischen Gründen dürfen bleiben. Die Problematik ist Thema eines berühmten Films.

6 Erst 1971 bekommen Frauen das Wahlrecht. In einigen Kantonen sogar später.

7 Eine Volksabstimmung entscheidet 1992 gegen den Beitritt zur Europäischen Union, aber 2002 für die UNO.

8 Im Sommer 2008 organisiert die Schweiz zusammen mit Österreich die Fußball-Europameisterschaft.

> **Deine neuen Wörter**
>
> **flüchten:** einen Ort verlassen, weil es gefährlich wird, da zu bleiben.

Sehen und Verstehen

2 Verbinde Text und Bild.

a

b

c

d

Lesen und Verstehen

3 Verbinde die Satzteile

1. ☐ Die drei ältesten Kantone
2. ☐ Wilhelm Tell ist
3. ☐ Die Schweizergarde
4. ☐ Das Rote Kreuz hat
5. ☐ Seit 1848
6. ☐ Viele politische Flüchtlinge
7. ☐ Die Schweiz ist nicht
8. ☐ 2008 gab es in der Schweiz

a schützt immer noch den Papst im Vatikan.
b in der EU, aber seit 2002 in der UNO.
c der schweizerische Nationalheld.
d sind im Zweiten Weltkrieg in die Schweiz emigriert.
e Henry Dunant 1864 gegründet.
f schließen 1291 einen Bund.
g und in Österreich die Fußball-Europameisterschaft.
h gibt es die heutige *Confederatio Helvetica*.

Schweizerdeutsch

In der Schweiz gibt es zirka 100 Dialektvarianten. Manchmal haben also auch Deutschschweizer untereinander Verständigungsprobleme. Die Dialekte gebraucht man mündlich, nicht schriftlich. Hochdeutsch ist zwar die offizielle Sprache in allen Schulen, aber die Lehrer machen zwischendurch Bemerkungen im Dialekt (*Stefan, gang bis so guet s Fäischter go zuemache - Stefan, sei so gut und mach das Fenster zu!*). Der Dialekt verbreitet sich immer mehr in privaten Kontakten, besonders in der jüngeren Generation, z. B. in SMS, E-Mails und Chatrooms. Dialekte sieht und hört man auch in der Fernsehwerbung. Dialekte zu sprechen bedeutet aber auch eine bewusste Distanzierung von Deutschland und von Österreich.

> ### Deine neuen Wörter
>
> **Aabee:** WC.
> **Beiz:** Restaurant.
> **Chrüüzig:** Kreuzung.
> **frii:** frei.
> **grüezi:** ich grüße Sie / dich.
> **Hoi (auch sali, salü):** Hallo.
> **Schmatz:** Kuss.
> **Ziit:** Uhr, Wanduhr.
> **Zückerli:** Bonbon.

Deine Meinung

4 Gibt's auch in deinem Land starke Varianten in den Dialekten? Haben auch bei dir Einwohner aus unterschiedlichen Regionen Schwierigkeiten, Landsleute aus anderen Regionen zu verstehen?

Fürstentum Liechtenstein:
Fakten und Tatsachen

Alois Philipp Maria von und zu Liechtenstein, Graf zu Rietberg (*1968, Monarch)

Nationalfeiertag: 15. August.
Einwohner: 3500.
Ausländer: 35%.
Religion: Christen 82,7%, Moslems 4,2%.
Hauptstadt: Vaduz.
Währung: Schweizer Franken.

Telefonvorwahl: +423.
Höchster Berg: Grauspitz 2 599 m.
Typisch: Das Fürstentum Liechtenstein (FL) ist ein souveräner Kleinstaat.

Deine **Recherche**

1 Die Nachbarländer von Liechtenstein sind

im Norden: ....

im Osten: ....

im Süden: ....

im Westen: ....

Liechtenstein

Ursula aus Liechtenstein erzählt

Hallo, mein Name ist Ursula. Ich bin 15 und lebe im Fürstentum Liechtenstein. Das ist ein Miniland oder auch ein Kleinstaat. Ich besuche eine Oberschule. Aber auf die Uni gehe ich später in die Schweiz oder nach Österreich, mal sehen. Mein Vater arbeitet in einer Bank und meine Mutter bei einer Versicherung. Meine Zukunftspläne? Wahrscheinlich bleibe ich hier, man lebt hier gut, einen Job bekomme ich sicher in einer Bank oder bei einer Versicherung.

Meine Hobbies? Skifahren natürlich, aber auch Fußball: Unser Land hat eine tolle Fußballmannschaft. Leider nur Männer. Sie nehmen an WM- und EM-Qualifikationen teil. Der größte Erfolg war 2006 das 4:0 gegen Luxemburg und 2007 das 3:0 gegen Island. In der Qualifikation zur Fußballweltmeisterschaft 2010 ist Liechtenstein einer der fünf Gruppengegner Deutschlands.

Darf ich euch jetzt mein Land vorstellen?

Klein aber fein, sagt man auf Deutsch. Genauso ist es bei uns.

Ihr wisst ja schon, wir sind ein Fürstentum mit echten Prinzen. Die Familie Liechtenstein gab's schon im 12. Jahrhundert. Der Name kommt von der Burg Liechtenstein in der Nähe von Wien. Seit 1806 ist Liechtenstein ein unabhängiger Staat. Bis zum Ersten Weltkrieg war Liechtenstein stark mit dem Kaisertum Österreich-Ungarn verbunden. Danach orientierte es sich an der Schweiz, übernahm den Schweizer Franken und die Schweizer Post. Im Zweiten Weltkrieg waren wir wie die Schweiz neutral.

Die Liechtensteiner Frauen haben das Wahlrecht erst 1984 bekommen. Seit 1990 gehören wir zur UNO.

Im August 2004 hat Fürst Hans Adam II. seinen Sohn Alois zu seinem Nachfolger ernannt. Alois ist ein echter Märchenprinz. Viele Mädchen sind in ihn verliebt, aber.....er ist schon verheiratet und hat Kinder ...

Deine neuen Wörter

r Nachfolger, -: Man bekommt die Stelle, wenn einer in Pension geht.
verbunden sein: (*hier*) zusammen arbeiten.
e Versicherung, en: eine Firma bezahlt die Kosten bei einem Schaden oder einem Unfall.

Lesen und Verstehen

2 **Verbinde die Satzteile.**

1. ☐ Ursula möchte weiter
2. ☐ Die Fußballmannschaft von Liechtenstein
3. ☐ Liechtenstein ist seit
4. ☐ Liechtenstein hat
5. ☐ Im Zweiten Weltkrieg
6. ☐ Seit 1990 gehört

a. 1806 ein unabhängiger Staat.
b. die selbe Währung wie die Schweiz.
c. war Liechtenstein neutral.
d. spielt 2010 gegen Deutschland.
f. Liechtenstein zur UNO.
g. in Liechtenstein leben.

Südtirol:
Fakten und Tatsachen

Carolina Kostner (*1987,
Eiskunstläuferin)

Einwohner: 493 910
(69,15% deutschsprachig,
26,8% italienischsprachig,
4,37% ladinischsprachig).
Ausländer: 5,8%.
Religion: Mehrheit Christen.
Hauptstadt: Bozen.
Währung: Euro.

Telefonvorwahl: +39.
Höchster Berg: Ortler 3 905 m.
Flüsse: Etsch.
Seen: Reschensee, Kalterer See.
Exportgüter: Wein, Obst (Äpfel).
Typisch: nördlichste Provinz von Italien,
bildet zusammen mit der Provinz Trient
die autonome Region Trentino-Alto Adige.

Deine **Recherche**

1 Die Nachbarländer von Südtirol sind

im Norden: ....

im Süden: ....

im Osten: ....

im Westen: ....

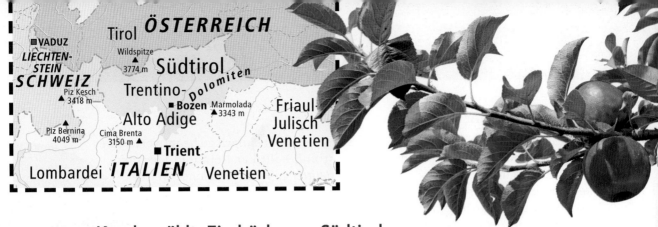

ÖSTERREICH
Tirol
Südtirol
Trentino-Dolomiten
Alto Adige
ITALIEN

VADUZ
LIECHTEN-STEIN
SCHWEIZ
Piz Kesch
▲ 3418 m
Piz Bernina
4049 m
Cima Brenta
3150 m ▲
Wildspitze
▲ 3774 m
■ Bozen
Marmolada
▲ 3343 m
■ Trient
Lombardei
Venetien
Friaul-Julisch Venetien

Karol erzählt: Eindrücke aus Südtirol

Hallo, ich heiße Karol, ich bin 17, hier nennt man mich aber Karl. Ich komme aus Polen. Was macht ein junger Pole in Südtirol? Na ja, <u>Saisonarbeit</u>. Im Herbst kommen viele Ausländer hierher zur <u>Apfelernte</u>, das ist ein guter Job, man arbeitet im Freien, das Klima ist optimal und man spricht hier auch Deutsch. Wir Polen haben in der Schule Deutsch gelernt, außerdem ist meine Mutter Deutsche.

Ich bin schon das zweite Mal hier und kenne die Region schon ziemlich gut. Ein Freund aus Meran hat mir erzählt, der Nationalheld hier ist Andreas Hofer (1767 -1810), weil er in den <u>Befreiungskriegen</u> gegen Napoleon drei Mal sein kleines Land zum Sieg geführt hat. Wir haben auch zusammen den Film über ihn gesehen *Andreas Hofer, die Freiheit des Adlers*.

Dann habe ich in Bozen das Ötzi-Museum gesehen mit der ältesten <u>Mumie</u> der Welt, Ötzi hat man an einem Gletscher im Ötzal gefunden.

Mein Freund hat mir auch erzählt, wieso diese deutschsprachige Region zu Italien gehört. Nach dem Ersten Weltkrieg ging Südtirol an Italien, nach dem Zweiten Weltkrieg bekam Südtirol einen Autonomiestatus, aber man spricht hier auch Italienisch, die Zweisprachigkeit Italienisch —Deutsch ist obligatorisch für alle Mitarbeiter in öffentlichen Ämtern.

Also, hoffentlich kann ich auch nächstes Jahr hierher kommen. Herbstferien in Südtirol sind prima, ich merke fast nicht, dass ich auch arbeite!

Deine neuen Wörter

e Apfelernte, n: man pflückt Äpfel.

r Befreiungskrieg, en: Krieg, um sich von einem fremden Herrscher zu befreien.

e Mumie, n: der Körper eines Toten blieb (hier im Gletscher) im perfekten Zustand.

e Saisonarbeit, en: dieser Job dauert nur eine kurze Zeit, d.h. 1-2 Monate.

Lesen und Verstehen

2 Richtig oder falsch?

R F

1 Viele Ausländer kommen im Sommer nach Südtirol um auf dem Land zu arbeiten. ☐ ☐
2 Andreas Hofer ist in Südtirol so beliebt wie Wilhelm Tell in der Schweiz. ☐ ☐
3 Die Gletschermumie Ötzi kann man in einem Museum in Bozen sehen. ☐ ☐
4 Südtirol hat immer zu Italien gehört. ☐ ☐
5 In Südtirol spricht man nur Deutsch. ☐ ☐
6 Fast alle Südtiroler sind zweisprachig . ☐ ☐

Welche Identität?

Die Frage der nationalen Identität ist für Südtiroler nicht einfach zu beantworten. Der bekannte Südtiroler Bergsteiger, Publizist und Politiker Reinhold Messner beantwortete in einem Interview die Frage: *Muttersprache, Vaterland. Welche Bedeutung haben diese Wörter für Sie?* mit folgendem Statement:
„Muttersprache ist natürlich die Sprache, von zu Hause, von der Mutter. In meinem Fall ist sie Deutsch. Trotzdem bin ich stolz auf meine Doppelkultur. Ich spreche Deutsch und Italienisch, beides fast gleich gut. [...] Das Vaterland gibt es für uns Südtiroler nicht mehr. Wir haben so lange Zeit bei Italien verbracht, dass es nicht mehr Österreich sein kann. Inzwischen haben wir Südtiroler ein lokales, aber kein nationales Zugehörigkeitsgefühl. [...] ich fühle mich nicht als Deutscher, Italiener oder Österreicher, sondern als Europäer und Südtiroler."

Lesen und Verstehen

3 Weißt du die Antwort?

Beruf von Messner: ....

Seine Muttersprache: .... Sein Vaterland: ....

Zweite Sprache: .... Seine Identität: ....

Deine Meinung

4 Gibt's auch in deinem Land zweisprachige Regionen? Ist die nationale Identität in deinem Land sehr stark? Hast du eine europäische Identität ? Kannst du deine Meinung zu diesem letzten Punkt begründen?

BRASILIEN

Pomerode
SANTA CATARINA

Und zuletzt.....nach Brasilien!

Und wo spricht man noch Deutsch? In Pomerode! Das ist eine Kleinstadt mit zirka 23 000 Einwohnern im brasilianischen Bundesstaat Santa Catarina. Etwa 92% der Bevölkerung wanderten ab 1861 von Pommern dorthin aus.
Typisch für diese brasilianische Kleinstadt ist, dass man in Pomerode noch heute Pommersch als Umgangs- und Schriftsprache benutzt. Und deutsche Kultur trifft man hier überall: im Baustil vieler Gebäude, im kulinarischen Angebot und in der jährlichen Festa pomerana. Das Münchener Oktoberfest im Kleinformat: die Bewohner feiern mit Trachten und Blasmusik über eine Woche lang ihr Stadtfest. Die Festa pomerana fand 2008 zum 25. Mal statt.

Fit mit D-A-CH

1 Essen und Trinken

Deine **Recherche**

1 Wo findest du Texte zum Thema *Essen und Trinken* in dem Buch?

Seite	Thema	Text	Foto	Was sagt der Text?	Was zeigt das Foto?
29	Currywurst	ja	ja	Die Geschichte der Familie Konnopke	Konnopke's Imbiss: viele Leute stehen an der Bude.

Dein **Wortschatz**

2 Welches Wort passt nicht zum Verb?

Beispiel *trinken*: Obstsaft / Wasser / *Pralinen* / Kaffee

a braten: Fleisch / Fisch / Kartoffeln / Wasser

b essen: Käse / Schnitzel / Teller / Tomaten

c schmecken: Eis / Film / Schokolade / Torte

d trinken: Milch / Olivenöl / Wein / Tee

3 Was passt nicht zusammen?

Beispiel *Tasse*: Milch / *Mineralwasser* / Tee / Kaffee

a Wurstbude: Brot / Würste / Bananen / Bier

b Gemüsemarkt: Blumenkohl / Grüne Bohnen / Linzer Torte / Salat

c Restaurant: Gast / Koch / Pilot / Serviererin

d Supermarkt: Wein / Fleisch / Schuhe / Brot

4 Was passt nicht auf dem Esstisch?

Beispiel: *Zündkerze*

Bettwäsche – Brötchen – Drache – Gabel – Glas – Glühbirne – Handy – Uhr – Honig – Löffel – Kellner – Marmelade – Messer – Saft – Serviette – Steinkohle – Tasse – Teller – Zeche – Zucker – *Zündkerze*

Lesen – Zeitungsartikel

Aus der Schülerzeitung des Schiller-Gymnasiums in Karlsruhe.

Lecker Lecker: Klasse 7A, Freitag, 25. Mai von 15 bis 17 Uhr.

Wie viele aus unserer Schule sicher schon wissen, war die Klasse 7A dieses Jahr in Wien. Da haben die Schüler nicht nur die Stadt besichtigt, sondern auch österreichische Rezepte ausprobiert. Sie waren auch auf dem Naschmarkt und in einem Heurigen. Überall hat alles wunderbar geschmeckt. Dann hatte die 7A eine Idee: das Projekt *Lecker Lecker*. Jede Klasse bereitet ein oder zwei Gerichte und ein Getränk zu. Das Rezept schreibt sie auch auf. Dann kann man das selbst ausprobieren. Zu kompliziert? Nein, keine Angst. Es ist einfacher als man denkt. Ein Beispiel: die Klasse 7A war in Wien, sie macht also eine Sachertorte und zum Trinken eine Wiener Melange. Die Klasse 8B war am Rhein und bringt Wein und Zwiebelkuchen mit, die Klasse 10B in Berlin: Currywurst und Bier.

Alle Lehrer und der Schuldirektor sind selbstverständlich eingeladen, aber ....sie müssen auch etwas mitbringen.

Anmeldungen bei der Klassenlehrerin der Klasse 7A, Frau Gasperschitz bis Mittwoch, 23. Mai.

Antworte auf die Fragen 1 bis 4 mit wenigen Wörtern.

1 Was war das Ziel der Klassenfahrt der Klasse 7A?

....

2 Warum hat die Klasse 7A dieses Projekt entwickelt?

....

3 Was soll jede Klasse zubereiten?

....

4 Bei wem soll man sich anmelden?

....

Sprechen

Du ziehst eine Wortkarte zum Thema Essen und Trinken. Stelle deinem Mitschüler eine Frage und antworte auch auf seine Frage.

Thema: Essen und Trinken **1**

Was ... ?

Thema: Essen und Trinken **2**

Wie ... ?

Thema: Essen und Trinken **3**

Wann ... ?

Thema: Essen und Trinken **4**

Wie lange ... ?

2 Familie und Freunde

Deine **Recherche**

1 Suche Texte und Fotos zum Thema *Familie und Freunde* in dem Buch.

Seite	Thema	Text	Foto	Was sagt der Text?	Was zeigt das Foto?
11	Junge Dichter und Denker (Familie Casper und Nicole)	Ja	Ja	Nicole will das Gedicht nicht auswendig lernen und macht einen Rap	

Dein **Wortschatz**

2 Kombiniere die Wörter: zu wem passen sie?

(Ärger Noten Eifersucht Erklärungen Geld Geschichten Hilfe Kritik
Lachen Liebe Märchen Respekt Spaß Sicherheit sprechen Streit
Ungerechtigkeit Verständnis zusammen spielen)

Beziehungen	positiv	negativ
Eltern		
Geschwister		
Großeltern		
Freunde		
Lehrer		

Lesen – Zeitungsartikel

In einer deutschen Jugendzeitschrift liest du diesen Artikel von einer Jugendpsychologin.

Menschliche Beziehungen: immer problematisch?

Menschliche Beziehungen sind immer problematisch und das in jedem Alter. Jugendliche haben vor allem Schwierigkeiten mit den Eltern. Die Gründe? Die Kinder wollen mehr Freiheit, mehr Geld und vor allem Respekt. Und sie wollen ihr Leben selbst bestimmen. Aber sie sollen sich nicht einmischen. Die Eltern sehen das natürlich anders. Sie wollen für ihre Kinder Sicherheit. Sie haben Angst, dass ihnen etwas Schlimmes passieren kann.

Dann kommen die Probleme mit den Geschwistern. Jeder meint, die Eltern lieben den Bruder oder die Schwester mehr, die Eltern sind ungerecht, mit einem Wort: Eifersucht. Aber Geschwister sein bedeutet auch zusammen aufwachsen, sich gegenseitig helfen und … ein Streit ab und zu ist nicht so schlimm.

Probleme gibt s auch mit den Freunden und mit der Clique. Jeder will akzeptiert sein, niemand will ein Außenseiter sein. Alle müssen dasselbe tun, dasselbe mögen, dieselbe Musik hören, sogar die selben Klamotten tragen, immer dabei sein.

Und natürlich die Probleme mit den Lehrern: sie sind ungerecht, sie verstehen die Schüler nicht, sie haben ihre Lieblinge, sie fragen einen genau an dem Tag ab, an dem man ganz zufällig die Hausaufgaben vergessen hat … .

Jugendlicher sein ist sicher nicht einfach und erwachsen werden ist ein Weg mit großen oder kleinen Steinen. Und trotzdem: das Ziel ist der Weg. Kopf hoch: das Leben ist schön!

Antworte auf die Fragen 1 bis 4 mit wenigen Wörtern.

1 Mit wem haben Jugendliche am meisten Probleme?

....

2 Welche Probleme haben Jugendliche mit Geschwistern?

....

3 Was fordern Jugendliche von ihren Freunden?

....

4 Was kritisieren Schülern an ihren Lehrern?

....

Sprechen

Thema: **Familie und Freunde** 1

Was … ?

Thema: **Familie und Freunde** 2

Mit wem … ?

Thema: **Familie und Freunde** 3

Warum … ?

Thema: **Familie und Freunde** 4

Wann … ?

3 Feste feiern

Deine **Recherche**

1 Suche Texte und Fotos zum Thema *Feste feiern* in dem Buch?

Seite	Thema	Text	Foto	Was sagt der Text?	Was zeigt das Foto?
46/47	Konzerte im Ruhrgebiet	ja	ja	Konzerte finden in große Städte auf	Viele junge Leute sind lustig und singen vielleicht.

Dein **Wortschatz**

2 Was gehört zusammen?

1 ☐ Donauinselfest		**a**	Bier und Brezeln.
2 ☐ Fastnacht		**b**	Tannenbaum und Geschenke.
3 ☐ Geburtstagsparty		**c**	Musik und freier Eintritt.
4 ☐ Konzerte		**d**	Musikinstrumente.
5 ☐ Oktoberfest		**e**	Torte und Cola.
6 ☐ Weihnachten		**f**	verrückte Klamotten.

Lesen – Brief

In einer Jugendzeitschrift findest du diesen Brief an den Psychologen Dr. Gerd von Drachenfurt

Lieber Herr von Drachenfurt,

bald haben wir Weihnachtsferien, alle freuen sich schon, denn Weihnachten bedeutet auch keine Schule, viele schöne Geschenke, leckere Kuchen ...

Aber ich nicht, ich muss jedes Jahr zu Oma und Opa aufs Land. Drei Stunden Autofahrt, dann ein unbequemes Bett in einem kalten Zimmer, fettes Essen, unsympathische Verwandte, blöde Gespräche... Ich bin immer froh, wenn Weihnachten vorbei ist.

Warum können wir Jugendliche die Festtage nicht unter uns feiern, wie zum Beispiel auf dem Donauinselfest oder auf dem Oktoberfest? Die Weihnachtslieder kann ich nicht mehr hören! Ich möchte gern dieses Jahr ein alternatives Weihnachtsfest organisieren: nur Jugendliche, auf dem Marktplatz unter dem Weihnachtsbaum, jeder bringt was zum Essen und zum Trinken mit und natürlich auch die eigenen Geschenke. Keine Weihnachtslieder, sondern Pop und Rock ...

Was meinen Sie, soll ich das machen? Aber ich habe Angst, dass die Eltern und auch der Bürgermeister dagegen sind.

Also, lieber Herr von Drachenfurt, soll ich das machen oder ist mein Projekt zu verrückt? Bitte, geben Sie mir einen guten Rat, ich möchte mich dieses Jahr endlich mal auf Weihnachten freuen.

Ihre Martina

Richtig oder falsch?

		R	F
1	Martina freut sich nicht auf Weihnachten, weil sie zu ihren Großeltern fahren muss.	☐	☐
2	Oma und Opa leben am Meer.	☐	☐
3	Martina singt sehr gern Weihnachtslieder.	☐	☐
4	Martina möchte ein alternatives Weihnachtsfest in der Schule organisieren.	☐	☐
5	Martina hofft, dass Eltern und der Bürgermeister einverstanden sind.	☐	☐

Sprechen

Du ziehst eine Wortkarte zum Thema Feste feiern. Stelle deinem Mitschüler eine Frage und antworte auch auf seine Frage.

Thema: Feste feiern 1	Thema: Feste feiern 2
Wie ... ?	*Mit wem ... ?*

Thema: Feste feiern 3	Thema: Feste feiern 4
Was ... ?	*Wo ... ?*

4 Freizeit und Unterhaltung

Deine **Recherche**

1 Suche Texte und Fotos zum Thema *Freizeit und Unterhaltung* in dem Buch.

Seite	Thema	Text	Foto	Was sagt der Text?	Was zeigt das Foto?
12	Hamburger Dungeon	ja	ja	Was man im Hamburg Dungeon erleben kann	

Dein **Wörterbuch**

2 Ergänze die Tabelle.

Deutsch	Deine Muttersprache	Weitere Sprache(n)
r Ausflug, ¨e		
(sich) ausruhen		
Ferien (*nur Pl.*)		
e Freizeit (*nur Sg.*)		
reiten		
r Spaß, ¨e		
(sich) unterhalten		
r Urlaub (*nur Sg.*)		

Lesen – Anzeige

Freunde gesucht

Ich bin Ebrahim, 16, komme aus Ankara, bin erst seit zwei Monaten hier in Freiburg und besuche die Klasse 8B in dieser Schule. Bald beginnen die Ferien und ich freue mich schon, aber.... die Freizeit ist ein Problem. Ich kenne nur wenige Jugendliche. Meine Mitschüler fahren alle weg. Aber meine Familie ist gerade erst nach Deutschland gekommen und wir können dieses Jahr nicht verreisen. Also: ich habe ein Fahrrad, möchte gern die Umgebung von unserer Stadt kennen lernen, spreche schon gut Deutsch, mag Musik (Rock, Jazz, aber auch Pop) und bin sportlich, kontaktfreudig und neugierig. In der Nähe von Freiburg gibt es viele Möglichkeiten für Unterhaltung und Freizeit. Der Schwarzwald und der Europapark sind gar nicht so weit entfernt, aber ... allein macht's wenig Spaß!

Hier meine Handynummer +49 1754632895. Wer ist so nett und ruft mich an?

Markiere die Lösung mit einem Kreuz.

1 Warum schreibt Ebrahim die Anzeige?
- **a** ☐ Weil er Kontakt sucht.
- **b** ☐ Weil er erst seit zwei Monaten in Bonn ist.
- **c** ☐ Weil er besser Deutsch lernen will.

2 Was schreibt er über sich?
- **a** ☐ Er ist sportlich und mag Musik.
- **b** ☐ Er liest gern und geht gern ins Kino.
- **c** ☐ Er hat ein Moped.

3 Was möchte er in den Ferien machen?
- **a** ☐ Er möchte in den Schwarzwald und zum Europapark gehen.
- **b** ☐ Er möchte neue Freunde kennen lernen.
- **c** ☐ Er möchte mit dem Fahrrad eine lange Tour machen.

Sprechen

Du ziehst eine Wortkarte zum Thema Freizeit und Unterhaltung. Stelle deinem Mitschüler eine Frage und antworte auch auf seine Frage.

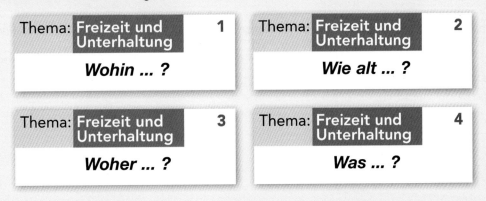

Thema: **Freizeit und Unterhaltung**   **1**

Wohin ... ?

Thema: **Freizeit und Unterhaltung**   **2**

Wie alt ... ?

Thema: **Freizeit und Unterhaltung**   **3**

Woher ... ?

Thema: **Freizeit und Unterhaltung**   **4**

Was ... ?

5 Hobbys

Deine Recherche

1 Suche Texte und Fotos zum Thema *Hobbys* in dem Buch.

Seite	Thema	Text	Foto	Was sagt der Text?	Was zeigt das Foto?
28	Fernsehen	ja	ja	Das Thema von "Verliebt in Berlin" und "Ninas Welt"	Bilder aus "Verliebt in Berlin", "Ninas Welt"

Dein Wortschatz

2 Ergänze die Tabelle.

> Computerspiele   fernsehen   fotografieren   Freunde treffen   kochen   ins Kino gehen
> lesen   Musik hören   Musik spielen   ins Konzert gehen   spazieren gehen
> ins Stadion gehentanzen

Was macht man im Freien?	Was macht man allein?	Was macht man mit anderen?

Lesen – Anzeige

Hobbyfreunde gesucht

Die Jungs sprechen nur von Fußball und wollen ins Stadion gehen.

Viele Mädchen sind verrückt nach Disco und Popmusik oder reden nur über Filmstars…

Ich, Katrin, 15, habe wenig Freizeit, denn ich muss zu Hause viel helfen. Ich habe auch nicht viel Geld.

Trotzdem habe ich viele Hobbys: spazieren gehen, kochen, Bücher lesen, Freunde treffen und aufs Land fahren, mit dem Rad: es ist gesund, umweltfreundlich und… umsonst! Mein Onkel und meine Tante haben einen Bauernhof nicht weit von der Stadt, sie haben viele Obstbäume und auch einige Kühe, sie freuen sich wenn ich mit Freunden zu ihnen fahre, dann können wir ihnen auch ein wenig helfen.

Also, hier meine Handynummer +4915202325394. Ich warte auf einen Anruf, auf dem Freizeitprogramm steht: kochen, fernsehen, aufs Land fahren und… sprechen!!

Katrin.

Markiere die Lösung mit einem Kreuz.

1 Katrin schreibt die Anzeige, weil

   a ☐ sie gern ins Stadion gehen möchte.

   b ☐ sie Freunde mit den gleichen Hobbys sucht.

   c ☐ sie wenig Freizeit hat.

2 Katrin sucht Freunde,

   a ☐ um mit ihnen ins Kino zu gehen.

   b ☐ um zusammen zu kochen und aufs Land zu fahren.

   c ☐ die ihr auch zu Hause helfen.

3 Der Onkel und die Tante von Katrin

   a ☐ haben einen Bauernhof nicht weit von der Stadt.

   b ☐ suchen Hilfe für die Ernte.

   c ☐ suchen Hilfe für die Arbeiter auf dem Land.

Sprechen

Du ziehst eine Wortkarte zum Thema Hobbys. Stelle deinem Mitschüler eine Frage und antworte auch auf seine Frage.

Thema: Hobbys   **1**

Was … ?

Thema: Hobbys   **2**

Wann … ?

Thema: Hobbys   **3**

Wo … ?

Thema: Hobbys   **4**

Wie viel … ?

Deine **Recherche**

1 Suche Texte und Fotos zum Thema *Musik* in dem Buch.

Seite	Thema	Text	Foto	Was sagt der Text?	Was zeigt das Foto?
38 /39	Tokio Hotel	ja	ja	Die Geschichte der Band Tokio Hotel	Tokio Hotel im Konzert und ...

Dein **Wörterbuch**

2 Ergänze die Tabelle.

Deutsch	Deine Muttersprache	Weitere Sprache(n)
r Chor,- ¨e		
r Dirigent, en		
e Gitarre, n		
s Klavier, e		
s Konzert, e		
s Orchester,-		
r Sänger, -		
e Violine,-n		

Fit in Deutsch

Lesen – Anzeige

> **Wer will zwei Karten für Tokio Hotel?**
> Tokio Hotel am nächsten Mittwoch im Eispalast! Das Konzert ist das Event des Jahres. Bill Kauliz hat sich nach der Operation an den Stimmbändern wieder erholt.
> Für meine Clique habe ich im Internet sechs Karten zum offiziellen Preis gekauft. Jetzt hatten zwei Freunde einen Unfall und liegen im Krankenhaus.
> Ich verkaufe die Karten zu einem Originalpreis. Wer mich zuerst anruft, bekommt sie!
> Meine Handynummer :+49 175 4632954.

Markiere die Lösung mit einem Kreuz.

1 Das Konzert der Tokio Hotel findet
- **a** ☐ im Eispalast.
- **b** ☐ im Stadion.
- **c** ☐ in der Oper

statt.

2 Bill hatte eine Operation
- **a** ☐ am rechten Bein.
- **b** ☐ an den Stimmbändern.
- **c** ☐ an der linken Hand.

3 Ein Schüler verkauft zwei Karten, weil
- **a** ☐ er und seine Freundin wegfahren müssen.
- **b** ☐ zwei aus seiner Clique krank sind.
- **c** ☐ zwei nicht zum Konzert dürfen.

Sprechen

Du ziehst eine Wortkarte zum Thema Musik. Stelle deinem Mitschüler eine Frage und antworte auch auf seine Frage.

Thema: Musik 1 — *Wann ... ?*

Thema: Musik 2 — *Wie oft ... ?*

Thema: Musik 3 — *Wer ... ?*

Thema: Musik 4 — *Wo ... ?*

7 Sport

Deine Recherche

1 Suche Texte und Fotos zum Thema *Sport* in dem Buch.

Seite	Thema	Text	Foto	Was sagt der Text?	Was zeigt das Foto?
10	Die Yard Skatehalle Hannover	ja	ja	Beschreibung der Yard Skatehalle Hannover	Junge auf Skateboard

Dein Wörterbuch

2 Ergänze die Tabelle.

Deutsch	Deine Muttersprache	Weitere Sprache(n)
Fußball spielen		
Motorrad fahren		
Rad fahren		
reisen		
schwimmen		
segeln		
Ski fahren		
skaten		
Tennis spielen		

Fit in Deutsch

Lesen – Brief

In einer Jugendzeitschrift findest du diesen Brief an den Psychologen Dr. Gerd von Drachenfurt.

Lieber Herr von Drachenfurt,

ich lese immer Ihre Antworten in der Jugendzeitschrift JUNG UND BUNT. Ich finde Ihre Ratschläge sehr gut. Hoffentlich können Sie mir auch helfen.

Ich bin 15, wohne in Innsbruck, fahre schon seit zehn Jahren Ski. Ich bin ein guter Skiläufer.

Ich habe neulich bei einem Urlaub in Südtirol ein nettes Mädchen, Ursula aus Basel, kennen gelernt. Ich glaube, sie findet mich auch sympathisch, aber... sie hasst Skifahren. Sie spielt dafür wahnsinnig gern Tennis. Ihr Vorbild ist Roger Federer. Sie fährt von einem Tennisturnier zum nächsten und hat auch viele Preise gewonnen.

Jetzt komme ich zum Problem. Am ersten Wochenende im März habe ich ein Wettrennen in Andermatt. Es ist für mich sehr wichtig. Ich habe mich schon eingeschrieben und da kann ich auch Bernhard Russli kennen lernen. Gestern hat mir Ursula eine Mail geschrieben. An demselben Wochenende hat sie ein wichtiges Tennismatch in Bern und hat mich eingeladen. Was soll ich tun?

Liebe oder Lieblingssport?

Bitte, geben Sie mir einen guten Rat, ich bin verzweifelt!

Ihr Martin.

Was ist richtig und was ist falsch?

		R	F
1	Martin liest sehr oft die Ratschläge vom Psychologen in der Jugendzeitschrift.	☐	☐
2	Martin möchte gern dieses Jahr Ski fahren lernen.	☐	☐
3	Seine Freundin Ursula aus Basel spielt sehr gern und gut Tennis.	☐	☐
4	Ursula hat ihn zu ihrer Geburtstagsparty eingeladen.	☐	☐
5	Martin soll entscheiden: Sport oder Liebe?	☐	☐

Du ziehst eine Wortkarte zum Thema Sport. Stelle deinem Mitschüler eine Frage und antworte auch auf seine Frage.

Thema: Sport   1
Was ... ?

Thema: Sport   2
Wie oft ... ?

Thema: Sport   3
Wann ... ?

Thema: Sport   4
Wo ... ?

Deine **Recherche**

1 Suche Texte und Fotos zum Thema *Tiere* in dem Buch.

Seite	Thema	Text	Foto	Was sagt der Text?	Was zeigt das Foto?
16	Bremer Stadtmusikanten	Ja	......	Vier Tiere: Esel, Hund, Katze und Hahn wollen nach Bremen gehen.	....

Dein **Wortschatz**

2 Kombiniere Wort und Erklärung.

1 ☐ r Bär		**a**	Er hat Rotkäppchen und die Großmutter gefressen.
2 ☐ r Elefant		**b**	Ihn trifft man in Hessen auf der Märchenstraße.
3 ☐ r Esel		**c**	Er ist der beste Freund des Menschen.
4 ☐ r Froschkönig		**d**	Er wollte mit seinen drei Freunden nach Bremen gehen.
5 ☐ r Hahn		**e**	Ihn sieht man im Zoo und im Zirkus.
6 ☐ r Hund		**f**	Eine ist berühmt und lebt in Pentling in Bayern.
7 ☐ e Katze		**g**	Ihn kann man im Schokolade Museum kaufen.
8 ☐ r (Oster)Hase Mini-Urlaub		**h**	Es ist in Mecklenburg-Vorpommern zu Hause.
9 ☐ s Pferd		**i**	Es ist im Wappen von Bern.
10 ☐ r Wolf		**j**	Er wollte auch nach Bremen.

Lesen – Anzeige

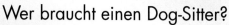

Wer braucht einen Dog-Sitter?

Ich, Karl, 17, darf leider keine Haustiere halten. Unsere Wohnung ist zu klein und mein Vater ist allergisch gegen Hunde. Aber ich liebe Hunde wirklich. Was tun? Ich kann mich um euren Hund kümmern, wenn ihr nicht könnt: ihn spazieren führen, füttern, baden, mit ihm spielen, alles was euer Hund braucht und mag. Ich wohne im Zentrum von Köln. Ich kann aber mit meinem Rad auch weiter hinaus fahren. Meine Mail-Adresse: karlka@-online.de.

Markiere die Lösung mit einem Kreuz.

1 Karl darf keinen Hund haben, weil

a ☐ der Vater dagegen ist.

b ☐ Karl allergisch ist.

c ☐ die Wohnung zu klein und der Vater allergisch ist.

2 Karl möchte

a ☐ Hunde nur spazieren führen.

b ☐ mit Hunden alles machen, was sie brauchen.

c ☐ Hunde nicht füttern.

3 Karl wohnt

a ☐ außerhalb von Köln.

b ☐ nicht in Köln

c ☐ im Zentrum von Köln.

Schreiben

Antworte mit einer Mail auf die Anzeige. Schreibe zu jedem Punkt einen bis zwei Sätze.

1 Stell dich vor (Name, Alter, Land, Hobbys)

2 Gründe deiner Anzeige.

3 Taschengeld: 5 Euro pro Stunde.

4 Wie oft am Tag kannst du kommen?

Umwelt und Umweltschutz

Deine Recherche

1 Suche Texte und Fotos zum Thema *Umwelt und Umweltschutz* in dem Buch.

Seite	Thema	Text	Foto	Was sagt der Text?	Was zeigt das Foto?
18	Halligen	ja	ja	Beschreibung der Halligen, vom Wattenmeer, Ebbe und Flut	Haus auf einer Hallig

Dein Wörterbuch

2 Ergänze die Tabelle.

Deutsch	Deine Muttersprache	Weitere Sprache(n)
r Abfall, ¨e		
e Fabrik, en		
e Industrie, n		
e Natur (*nur Sg.*)		
s Recycling		
e Umwelt (*nur Sg.*)		
r Umweltschutz (*nur Sg.*)		

Fit in Deutsch

Umwelt und Umweltschutz

Lesen – Zeitungsartikel

In einer deutschen Jugendzeitschrift liest du diesen Artikel zum Thema *Was meinen Jugendliche zu Umwelt und Naturschutz.*

Eine Umfrage unter deutschen, österreichischen und Schweizer Jugendlichen zum Thema *Umwelt und Naturschutz* mit den Fragen.

- Wie wichtig ist die Umwelt?
- Wie kann man Natur schützen?
- Welche Initiative gibt es in deinem Land?

hatte folgende Ergebnisse: 90 % der befragten Jugendlichen halten das Thema *Umwelt* für sehr wichtig. 6% finden das Thema wichtig und 4% haben nicht geantwortet. 65 % finden Recycling von Abfällen die beste Lösung für Naturschutz. 20% meinen, man soll weniger Abgase produzieren. 10% denken, gegen die Industrialisierung kann man nichts tun und 5% haben nicht geantwortet.

Die Schweizer Initiativen sind am bekanntesten. 98% der Jugendlichen nennen Initiativen wie z.B. PolyRecycling im Kanton Thurgau. Auch die Österreicher sind gut informiert. 95% der Jugendlichen nannten Beispiele, bei den Deutschen waren es nur 23%.

Antworte auf die Fragen 1 bis 4 mit wenigen Wörtern.

1 Welche Themen hatte die Umfrage?
   ....

2 Wie viele Jugendliche halten das Thema für sehr wichtig?
   ....

3 Was kann man tun, um die Natur zu schützen?
   ....

4 In welchem Land sind die meisten Initiativen bekannt?
   ....

Schreiben

Du hast den Artikel gelesen und schreibst einen Leserbrief (mindestens 50 Wörter). Schreibe zu jedem Punkt einen bis zwei Sätze.

1 Stell dich vor (Name, Alter, Nationalität)
2 Ist die Umwelt wichtig für dich?
3 Tust du aktiv etwas für den Naturschutz?
4 Welche Initiativen gibt es in deinem Land?

Deine **Recherche**

1 Wo findest du Texte und Fotos zum Thema *Verkehrsmittel* in dem Buch?

Seite	Thema	Text	Foto	Was sagt der Text?	Was zeigt das Foto?
32	Boot	ja	ja	Man bewegt sich im Spreewald	Man sieht Leute auf einem Boot, sie sind auf einem kleinen Fluss oder Kanal.

2 Kombiniere Wort und Erklärung.

1	s Fahrrad	a	Man fährt damit nur in der Stadt.
2	s Flugzeug	b	Lange Reisen macht man am besten damit
3	s Auto	c	Hat nur zwei Räder, fährt aber schnell.
4	r Motorrad	d	Auch Kinder dürfen damit fahren.
5	r Pferdewagen	e	Bis zum 17. Jahrhundert ist man nur damit gefahren.
6	r Rennwagen	f	Hat eine Lokomotive und viele Waggons.
7	s Schiff	g	Das erste hat 1856 Daimler erfunden.
8	s Boot	h	Damit reist man langsam, aber bequem von einem Kontinent zum anderen.
9	e Straßenbahn	i	nur Piloten können ihn fahren.
10	r Zug	j	im Spreewald fährt man damit zur Arbeit.

Lesen – Anzeige

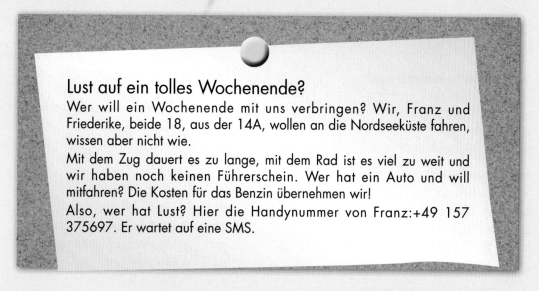

> ### Lust auf ein tolles Wochenende?
> Wer will ein Wochenende mit uns verbringen? Wir, Franz und Friederike, beide 18, aus der 14A, wollen an die Nordseeküste fahren, wissen aber nicht wie.
>
> Mit dem Zug dauert es zu lange, mit dem Rad ist es viel zu weit und wir haben noch keinen Führerschein. Wer hat ein Auto und will mitfahren? Die Kosten für das Benzin übernehmen wir!
>
> Also, wer hat Lust? Hier die Handynummer von Franz:+49 157 375697. Er wartet auf eine SMS.

Markiere die Lösung mit einem Kreuz.

1 Franz und Friederike suchen einen Mitschüler mit einem
     a ☐ Motorrad.
     b ☐ Fahrrad.
     c ☐ Auto.

2 Sie möchten
     a ☐ an die Nordseeküste.
     b ☐ auf die Halligen fahren.
     c ☐ an die Nordsee.
fahren.

3 Die Kosten für das Benzin
     a ☐ bezahlt nur einer.
     b ☐ bezahlen Franz und Friederike.
     c ☐ bezahlen alle gemeinsam.

Sprechen

Du ziehst eine Wortkarte zum Thema Verkehrsmittel. Stelle deinem Mitschüler eine Frage und antworte auch auf seine Frage.

Thema: Verkehrsmittel 1	Thema: Verkehrsmittel 2
Wohin ... ?	*Wie ... ?*
Thema: Verkehrsmittel 3	Thema: Verkehrsmittel 4
Warum ... ?	*Wann ... ?*

Wie fit bist du im D-A-CH?

Deutschland

1 Wo sind die höchsten Berge?
a ☐ Im Norden.
b ☐ Im Westen.
c ☐ im Osten.
d ☐ Im Süden.

2 Wo gibt es Inseln?
a ☐ Im Norden.
b ☐ Im Westen.
c ☐ im Osten.
d ☐ Im Süden.

3 Wie fließen die meisten Flüsse?
a ☐ Von Norden nach Süden.
b ☐ Von Westen nach Osten.
c ☐ Von Süden nach Norden.
d ☐ Von Osten nach Süden.

4 Welches ist das größte Bundesland?
a ☐ Sachsen.
b ☐ Nordrhein-Westfalen.
c ☐ Bayern.
d ☐ Baden-Württemberg.

5 Welches ist das kleinste Bundesland?
a ☐ Niedersachsen.
b ☐ Schleswig-Holstein.
c ☐ Saarland.
d ☐ Hessen.

6 Welche Städte sind Stadtstaaten?
a ☐ München, Frankfurt und Lübeck.
b ☐ Hamburg, Bremen und Berlin.
c ☐ Köln, Stuttgart und Düsseldorf.
d ☐ Dresden, Erfurt und Potsdam.

7 Wann gab es zwei deutsche Staaten?
a ☐ Von 1914 bis 1918.
b ☐ Von 1949 bis 1989.
c ☐ Von 1961 bis 1989.
d ☐ Von 1933 bis 1945.

8 Welche Städte gehörten zur Hanse?
a ☐ Wiesbaden, Saarbrücken und Mainz.
b ☐ Bonn, Nürnberg und Bamberg.
c ☐ Hamburg, Lübeck und Bremen.
d ☐ Kiel, Schwerin und Rostock.

9 Wer war Störtebeker?
a ☐ Ein Erfinder.
b ☐ Ein Pirat.
c ☐ Ein Bundeskanzler.
d ☐ Ein Schriftsteller.

10 Wo liegt der Spreewald?
a ☐ In Mecklenburg-Vorpommern.
b ☐ In Brandenburg.
c ☐ In Baden-Württemberg.
d ☐ In Nordrhein-Westfalen.

11 Wo liegt der Schwarzwald?
a ☐ In Mecklenburg-Vorpommern.
b ☐ In Baden-Württemberg.
c ☐ In Hessen.
d ☐ In Schleswig-Holstein.

12 Wo liegt Rügen?
a ☐ In Brandenburg.
b ☐ In Mecklenburg-Vorpommern.
c ☐ In Schleswig-Holstein.
d ☐ In Niedersachsen.

13 Wer sind die Väter der deutschen Sprache?
a ☐ Thomas Mann, Theodor Fontane und Karl Marx.
b ☐ Helmut Kohl, Willi Brandt und Ferdinand von Zeppelin.
c ☐ Martin Luther, Wolfgang von Goethe und Friedrich von Schiller.
d ☐ Johann Sebastian Bach, Georg Friedrich Händel und Ludwig van Beethoven.

14 Woher kommen die meisten deutschen Autos?
a ☐ Aus Bayern.
b ☐ Aus Baden-Württemberg.
c ☐ Aus Sachsen.
d ☐ Aus Nordrhein-Westfalen.

Österreich

15 Eine große Gefahr im 15. und 16. Jahrhundert waren die
a ☐ nationalsozialistischen Truppen.
b ☐ Türken.
c ☐ Kroaten.
d ☐ Russen.

16 Die erste österreichische Kaiserin war
a ☐ Elisabeth, genannt Sissi.
b ☐ Christina Stürmer.
c ☐ Maria Theresia.
d ☐ Nicole Hosp.

17 Die Ermordung des Thronfolgers war eine Folge
a ☐ der starken Nationalitätenkonflikte.
b ☐ der Kontraste mit Ungarn.
c ☐ der vielen Völker.
d ☐ des Austrofaschismus.

18 Die Bundesrepublik Österreich entsteht im
a ☐ März 1938.
b ☐ Mai 1955.
c ☐ Juni 1914.
d ☐ Juli 1749.

19 Wien ist die Weltstadt der Musik, weil da
a ☐ Falco gelebt hat.
b ☐ Mozart gelebt hat.
c ☐ Beethoven gelebt hat.
d ☐ im 18. und 19. Jahrhundert viele Komponisten gearbeitet haben.

20 Die meisten Migranten leben
a ☐ in Voralberg.
b ☐ in Kärnten.
c ☐ in Niederösterreich.
d ☐ in Oberösterreich.

21 Mozart war ein Wunderkind, weil er
a ☐ schon mit drei Jahren Klavier spielte.
b ☐ immer spielen durfte.
c ☐ seine Schwester liebte.
d ☐ sehr jung gestorben ist.

22 Österreichs Nationalsport ist Skifahren, weil
a ☐ man in der Schule Skiunterricht hat.
b ☐ es in Österreich schneit.
c ☐ ganz Österreich in den Alpen liegt.
d ☐ da die Olympischen Winterspiele stattfinden.

Die Schweiz, Liechtenstein und Südtirol

23 Der lateinische Name Confederatio Helvetica bedeutet, dass
a ☐ man in der Schweiz Latein spricht.
b ☐ die Sprache aus dem Latein kommt.
c ☐ die Schweiz ein Bund von unabhängigen Kantonen ist.
d ☐ die Römer hier gelebt haben.

24 Die Schweiz hat vier Nationalsprachen, weil
a ☐ man in jedem Kanton vier Sprachen spricht.
b ☐ Deutsch, Französisch Rätoromanisch und Italienisch offizielle Sprachen sind.
c ☐ alle in der Schule vier Sprachen lernen.
d ☐ weil in der Schweiz Emigranten aus Deutschland, aus Italien und aus Frankreich leben.

25 In der Schweiz spricht 63% der Bevölkerung
a ☐ Italienisch.
b ☐ Rätoromanisch.
c ☐ Deutsch.
d ☐ Französisch.

26 Die direkte Demokratie des Volkes bedeutet, dass
a ☐ alle seit eh und je Wahlrecht haben.
b ☐ jeder Schweizer durch Referenden die Politik beeinflussen kann.
c ☐ jeder Kanzler werden kann.
d ☐ alle dieselben Rechte haben.

27 In beiden Weltkriegen war die Schweiz neutral, weil
a ☐ das Land keine Soldaten hat.
b ☐ weil so viele Flüchtlinge in der Schweiz in Sicherheit leben konnten.
c ☐ die Neutralität in der Verfassung steht.
d ☐ die Banken die Neutralität finanzieren

28 Die Schweizergardisten
a ☐ hat Wilhelm Tell gegründet.
b ☐ hat Papst Julius I. 1506 gegründet.
c ☐ waren im Mittelalter Söldner.
d ☐ haben im Zweiten Weltkrieg die Schweiz geschützt.

29 Die Schweiz exportiert

a ☐ viele Rohstoffe.

b ☐ sehr teure, aber auch billige Uhren.

c ☐ viele Textilien.

d ☐ viel Wein.

30 Liechtenstein liegt

a ☐ am Dreiländereck Deutschland – Österreich – Schweiz.

b ☐ mitten im Gebirge.

c ☐ mitten in Deutschland.

d ☐ an der Grenze zu Österreich.

31 In Liechtenstein sind viele

a ☐ Industrien.

b ☐ Fabriken.

c ☐ Banken.

d ☐ Universitäten.

32 Die autonome Region Südtirol gehört zu

a ☐ Italien.

b ☐ Österreich.

c ☐ der Schweiz.

d ☐ Deutschland.

33 In Südtirol spricht man

a ☐ Französisch und Deutsch.

b ☐ Italienisch und Deutsch.

c ☐ Englisch und Deutsch.

d ☐ Italienisch und Rätoromanisch.

Alle D-A-CH Länder

34 Die erste Glühbirne hat der

a ☐ Schweizer Henry Dunant erfunden.

b ☐ Deutsche Heinrich Göbel erfunden.

c ☐ Österreicher Franz Binder erfunden.

d ☐ Südtiroler Andreas Hofer erfunden.

35 Das Oktoberfest findet statt

a ☐ in Wien auf der Donauinsel.

b ☐ in München auf der Theresienwiese.

c ☐ in Hessen an der Ruhr.

d ☐ in Zürich am Zürchersee.

36 Die beste Sachertorte gibt es

a ☐ in Berlin.

b ☐ in Wien.

c ☐ in Salzburg.

d ☐ in Linz.

37 Angela Merkel ist Bundeskanzlerin von

a ☐ der Schweiz.

b ☐ Österreich.

c ☐ Deutschland.

d ☐ Liechtenstein.

38 In zwei D-A-CH Ländern ist die Währung kein Euro:

a ☐ In Österreich und in Südtirol.

b ☐ In Deutschland und in der Schweiz.

c ☐ In Liechtenstein und in der Schweiz.

d ☐ In Österreich und in Liechtenstein.

39 Die Band Tokio Hotel kommt aus

a ☐ Magdeburg.

b ☐ Sachsen-Anhalt.

c ☐ Basel.

d ☐ Dortmund.

40 Zwei Städte haben in ihrem Wappen dasselbe Symbol, einen Bären:

a ☐ Köln und Graz.

b ☐ Berlin und Bern.

c ☐ Zürich und Hannover.

d ☐ Wien und Hamburg.

Auswertung:

31-40 Punkte: Gratuliere! Du bist super fit in D-A-CH!

21-30 Punkte: Ok, du bist gut, aber du kannst besser werden.

11-20 Punkte: Na, du hast aber noch Einiges zu lernen.

1-10 und weniger Punkte: Mach die Reise durch die D-A-CH Länder noch einmal!

Wortliste

A

abfahren Wann fährt der Bus ab?
r Abfall (Abfälle) Bitte keinen Abfall auf dem Parkplatz lassen.
abgeben Wo kann ich das Paket abgeben?
abholen Ich hole dich am Bahnhof ab.
s Abitur (e) Nächstes Jahr mache ich Abitur.
e Ahnung Ich habe keine Ahnung.
aktiv Er ist sehr optimistisch und aktiv.
allein Er arbeitet lieber allein.
s Alter Bitte schreiben Sie Ihren Namen und Ihr Alter.
e Altstadt (Altstädte) Wir wohnen in der Altstadt.
anbieten Er hat mir einen Job angeboten.
anfangen Bitte fangen Sie jetzt an!
ankommen Wann kommst du genau an?
anmachen Mach bitte das Licht an!
anrufen Ich rufe dich morgen an.
an sein Der Fernsehapparat ist immer an.
antworten Er antwortet nicht.
e Anzeige (n) Ich habe Ihre Anzeige gelesen.
anziehen Was willst du anziehen?
e Apotheke (n) Aspirin gibt es in der Apotheke.
r Apparat (e) Wollen Sie den Apparat kaufen?
arbeiten Mein Vater arbeitet bei Siemens.
der Arbeiter (=) Sein Vater ist Arbeiter bei Opel.
arbeitslos Meine Mutter ist arbeitslos.
ärgern (sich) Die Schüler ärgern den Lehrer./Ich habe mich sehr geärgert.
r Atz,"e Er war krank, er musste zum Arzt.
e Aufgabe (n) Die Aufgabe ist einfach.
aufmachen Kannst du bitte das Fenster aufmachen?
aufpassen Jetzt muss ich aufpassen.
aufräumen Die Schüler räumen das Klassenzimmer auf.
aufregend Ich finde den Film aufregend.
auf sein Das Fenster ist auf.
aufstehen Um acht Uhr stehen wir auf.
s Auge (n) Seine Augen sind grün.
e Ausbildung Er hat eine Ausbildung als Fotograf.
r Ausflug (Ausflüge) Wir machen mit der Schule einen Ausflug
ausfüllen Bitte füllen Sie das Formular aus.
s Ausland Ich möchte ins Ausland reisen.
r Ausländer (=) Sind Sie Ausländer?
ausmachen Soll ich das Radio ausmachen?
aussehen Er sieht krank aus./Sie sieht aus wie ein Pferd.
aussprechen Wie spricht man das aus?
aussteigen Wir steigen am Marktplatz aus.
r Ausweis (e) Zeigen Sie bitte Ihren Ausweis!
r Automat (en) Geld bekommen Sie auch am Automaten.

B

backen Ich habe dir eine Torte gebacken.
e Bäckerei (en) Die beste Bäckerei ist in der Wiener Straße.
s Bad (Bäder) Wo ist das Bad?
baden Komm, wir baden!
r Bahnhof (Bahnhöfe) Wir gehen zum Bahnhof.
bald Er kommt bald wieder.
r Balkon (e) Wir können auf dem Balkon frühstücken.
e Banane (n) Sie mag keine Bananen.
e Bank (en) Mein Vater arbeitet bei der Deutschen Bank.
basteln Basteln ist mein Hobby.
e Batterie (n) Ich brauche Batterien für mein Radio.
r Bauch (Bäuche) Mein Bauch tut weh.
r Baum (Bäume) Die Bäume sind grün.
beantworten Bitte beantworten Sie die Frage.
bedeuten Was bedeutet das Wort?
beeilen (sich) Bitte, beeil dich!
bei Er wohnt bei seinen Freunden./Das liegt bei Hamburg.
beide Ich habe zwei Brüder. Sie studieren beide an der Universität.
bekommen Was bekommst du zum Geburtstag?
beliebt Die Diskothek ist sehr beliebt.
benutzen Ich habe deinen Computer nicht benutzt.
bequem Sitzen Sie bequem?
r Berg (e) In den Alpen sind die Berge sehr hoch.
r Beruf (e) Was sind Sie von Beruf?
berühmt Dieses Bild ist berühmt.
besetzt Der Platz ist besetzt.
besichtigen Wir haben in Köln das Schokolademuseum besichtigt.
besser Der Film ist besser als der Roman.
bestellen Möchten Sie jetzt bestellen?
bestimmt Ich schreibe dir bestimmt!
besuchen Im Sommer besuche ich dich./Wir haben Besuch.
s Bett (en) Wann gehst du ins Bett?
bezahlen Haben Sie schon bezahlt?
bis Bis später!/Ich warte bis morgen.
s Blatt (Blätter) Die Blätter fallen von den Bäumen./ Hast du ein Blatt Papier für mich?
bleiben Wir bleiben zu Hause.
blöd ich finde den Film blöd.
e Bluse (n) Ich möchte eine rote Bluse.
braten Soll ich den Fisch braten?
r Braten Der Braten ist besonders gut.
e Bratwurst (e) Ich mag keine Bratwurst.
brauchen Ich brauche einen Taschenrechner.
breit Die Straße ist sehr breit.
r Brieffreund (e) Ich suche einen Brieffreund in Italien.

e Briefmarke (n) Bitte zwei Briefmarken zu 1 Euro.
bringen Ich bringe die Tasse ins Wohnzimmer./Soll ich dich nach Hause bringen?
s Brötchen (=) Ich esse lieber Brötchen.
e Brücke (n) Geh zuerst über die Brücke.
e Bücherei (en) In der Bücherei kannst du auch CDs kaufen.
buchstabieren Können Sie das bitte buchstabieren?
e Burg (en) Wir haben eine Burg besichtigt.
s Büro (s) Du kannst im Büro fragen.
r Bus (se) Sie fährt mit dem Bus.
e Butter Ein Brot mit Butter und Marmelade.

C

s Café (s) Ich sitze gern im Café und sehe die Leute an.
e CD (s) Willst du meine neue CD hören?
r Chef (s) Ich will mit dem Chef sprechen.
r Computer (=) Mein Computer ist alt.

D

da Die Zeitung liegt da drüben auf dem Tisch.
s Dach (e Dächer) Die Katze ist auf dem Dach.
damals Vor 20 Jahren? Wo habt ihr damals gewohnt?
e Dame (n) An der Klotür steht „Damen"
r Dank Herzlichen Dank./Vielen Dank.
danken Ich danke dir für die CD./Die CD ist wunderbar, danke!
darum Ich habe den Film schon gesehen, darum komme ich nicht mit.
da sein Sind alle Schüler da ?
dass Er glaubt, dass er Recht hat.
dauern Die Ferien dauern 6 Wochen.
denken Ich denke, dass die Hausaufgaben sehr einfach sind.
denn Warum kommst du denn nicht?/Ich möchte nicht in Deutschland leben, denn dort ist es zu kalt.
deshalb Ich bin krank, deshalb kann ich nicht kommen.
deutlich Hast du alles deutlich geschrieben?
r Dialog (e) Ihr hört einen Dialog.
r Dichter (=) Der Dichter heißt Theodor Fontane.
dick ich finde Roberta sehr dick.
direkt Mit der U-Bahn kommen Sie direkt zum Rathaus.
e Diskothek (en) Sie geht gern in die Diskothek.
doch Magst du das nicht? Doch, es schmeckt gut./Du kennst ihn doch auch, oder?
s Dorf (Dörfer) Kellinghusen ist ein kleines Dorf in Schleswig-Holstein.

Wortliste

dort Du gehst in die Stadt? Und was machst du dort?

draußen Die Kinder sind draußen im Garten.

dringend Ich muss dringend mit dir sprechen.

drinnen Es ist kalt, ich bleibe drinnen.

drüben Das hier ist die Goethestraße und da drüben wohne ich.

dumm Das finde ich dumm.

dunkel Um sieben wird es dunkel.

dünn das kleine Mädchen ist sehr dünn.

dürfen Hier darf man nicht baden.

r Durst Hast du Durst? Willst du was trinken?

duschen Ich dusche jeden Morgen.

E

echt Dieser Film ist echt gut!

egal Das ist mir doch egal!

s Ei (er) Ich mag keine Eier.

eigentlich Eigentlich hast du Recht./Hast du den Brief eigentlich gelesen?

e Eile Wir sind in Eile.

eilig Die Sache ist sehr eilig.

einfach Du kannst ihn einfach fragen.

einige Ich habe noch einige Fragen.

einkaufen Wer kauft im Supermarkt ein?

einladen Ich lade dich ein.

einmal Können Sie das bitte noch einmal erklären?

einsteigen Bitte einsteigen!

einverstanden sein Bist du einverstanden?

s Eis (=) Ich möchte ein großes Eis.

elegant Das Hotel ist groß und elegant.

s Ende Das Ende war sehr traurig.

endlich Wann antwortest du endlich?

eng Die Häuser sind klein, die Straßen eng.

entschuldigen Bitte, entschuldigen Sie!

e Entschuldigung Entschuldigung, ich habe Sie nicht gesehen.

s Ergebnis (se) Das Ergebnis ist sehr positiv.

erinnern (sich) Wie ist die Nummer? Ich kann mich nicht daran erinnern.

erkältet sein Im Winter ist sie oft erkältet.

erklären Können Sie das bitte erklären?

erlauben Ich möchte gern einen Hund haben, aber meine Eltern erlauben es nicht.

erst Das Wörterbuch kann ich dir erst morgen geben, ich brauche es heute noch.

erzählen Er hat viel erzählt.

essen Was wollt ihr essen?

s Essen Das Essen ist hier sehr gut.

etwas Ich bringe dir etwas.

s Experiment (e) Wir machen heute ein interessantes Experiment.

exportieren Deutschland exportiert Autos, Maschinen, Elektronik.

F

e Fabrik (en) Das ist eine Chemie-Fabrik.

s Fach (Fächer) Welche Fächer findest du interessant?

fahren Wohin fahrt ihr?

e Fahrkarte (n) Sie brauchen eine Fahrkarte.

r Fahrplan (pläne) Der Fahrplan ist da drüben.

fallen Die Blätter fallen von den Bäumen.

fast Ich habe fast alles verstanden.

e Farbe (n) Welche Farben magst du?

faul Faule Schüler bekommen schlechte Noten.

faulenzen In den Ferien will ich nur faulenzen.

fehlen Klaus fehlt heute in der Schule, er ist sicher krank.

r Fehler (=) Ich hatte vier Fehler in der Englischarbeit.

feiern Ich habe meinen Geburtstag gefeiert.

s Fenster (=) Karin hat einen Platz am Fenster.

Ferien (Pl.) Was macht ihr in den Ferien?

s Fernsehen (=) Was ist heute im Fernsehen?

fertig sein Ich bin schon fertig.

s Fest (e) Bei uns war gestern ein Fest.

s Feuer (=) Wir haben ein Feuer gemacht und Würstchen gegrillt.

r Film (e) Wie war der Film?

finden Ich finde deinen Pullover schön.

e Firma (en) Er arbeitet in einer Consulting-Firma.

r Fisch (e) Ich mag keinen Fisch.

fit sein Ich bin heute nicht richtig fit.

flach Das Wasser ist hier ganz flach.

e Flasche (n) Ich möchte eine Flasche Mineralwasser.

s Fleisch Am Freitag essen wir kein Fleisch.

fleißig Hast du fleißig gelernt?

fliegen Wir fliegen nach Teneriffa.

r Flohmarkt (märkte) Am Sonntag Vormittag gehen wir oft zum Flohmarkt.

e Flöte (n) Ich spiele Flöte.

r Flughafen (häfen) Ich hole dich vom Flughafen ab.

s Flugzeug (e) Im Flugzeug hatte meine Mutter Angst.

r Fluss (Flüsse) Der Rhein ist ein großer Fluss.

s Foto (s) Meine Schwester will immer Fotos machen.

fotografieren Er fotografiert gern.

r Fotoapparat (e) Sie hat einen teuren Fotoapparat.

frei Ist der Platz frei?

e Freizeit Was machst du in deiner Freizeit?

fremd Ich bin in dieser Stadt auch fremd.

e Fremdsprache (n) Meine Mutter kann zwei Fremdsprachen.

freuen (sich) Wir freuen uns sehr.

frisch Sind die Eier frisch?

froh Er ist froh, weil er heute keine Schule hat.

früh Wir stehen immer früh auf.

früher Meine Mutter war früher Lehrerin.

s Frühstück Zum Frühstück esse ich Müsli.

frühstücken Wir frühstücken immer um 8°° Uhr.

fühlen (sich) Wie fühlst du dich?

furchtbar Es geht mir furchtbar schlecht.

r Fuß (Füße) Ich kann nicht laufen, ein Fuß tut mir weh./Wir gehen zu Fuß in die Stadt.

r Fußball Am Nachmittag spielen wir Fußball.

e Fußgängerzone (n) Hier beginnt die Fußgängerzone.

G

gar Ich kenne das gar nicht./Ich habe gar keine Lust./Ich möchte gar nichts essen.

r Garten (Gärten) Wir suchen ein Haus mit Garten.

r Gast (Gäste) Du bist heute mein Gast.

geboren Wo bist du geboren?

r Geburtstag, e Heute hat Franz Geburtstag, er wird 17.

s Gedicht (e) Sie liest gern Gedichte.

gefährlich Das ist zu gefährlich.

gefallen Gefällt euch das Programm?

gegen Martin spielt gegen Sabine.

s Gegenteil (e) Wie heißt das Gegenteil von neu?

gehen Wohin wollt ihr gehen?/Wie geht es dir?

gehören Das Auto gehört mir nicht.

gelb Zieh doch den gelben Pullover an.

s Geld Hast du genug Geld?

s Gemüse Ich esse sehr gern Gemüse.

gemütlich Mein Zimmer ist gemütlich.

genau Das musst du mir genau erklären.

genauso Das ist genauso interessant wie ein Krimi.

genug Das ist genug.

gerade Was macht ihr gerade?/Ich bin gerade erst gekommen.

geradeaus Gehen Sie immer geradeaus, dann kommen Sie zum Museum.

gern, lieber, am liebsten Wir sehen gern Krimis. Ich gehe lieber ins Theater. Ich möchte am liebsten tanzen gehen.

s Geschenk, e Zum Geburtstag hat Franz viele Geschenke bekommen.

e Geschichte (n) In Geschichte hat er eine Eins./Er erzählt immer tolle Geschichten.

Geschwister (pl) Karl und Gisela sind Geschwister.

s Gesicht (er) Sein Gesicht war müde und traurig.

s Gespräch (e) Ich habe das Gespräch nicht verstanden.

gestern Gestern war Sonntag.

gesund Bist du wieder gesund?

s Getränk (e) Welche Getränke haben Sie?

gewinnen Bei der Lotterie man kann tolle Preise gewinnen.

e Gitarre (n) Er spielt Gitarre.
s Glas (Gläser) Bitte ein Glas Cola.
glauben ich glaube, Karin hat Recht.
gleich Er kommt gleich./Das ist mir gleich. Die beiden Pullover sind gleich groß.
glücklich Heute bin ich sehr glücklich.
gratulieren Ich gratuliere dir zum Geburtstag.
e Grenze, (n) An der Grenze muss man halten.
e Größe Welche Größe brauchen Sie?
r Gruß (Grüße) Viele Grüße von Angelika.
gültig Dieser Ausweis ist nicht mehr gültig.
s Gymnasium (en) Ich will das Gymnasium besuchen und später studieren.

H

s Haar (e) Sie hat blonde Haare.
s Hähnchen (=) Ich nehme ein Hähnchen mit Salat.
e Halle (n) Wir spielen lieber in der Halle.
halten Alle Busse halten hier.
e Haltestelle (n) An der Haltestelle hält der Bus.
e Hand (Hände) Hast du saubere Hände?
hängen An der Wand hängt eine Deutschlandkarte.
hässlich Die Stadt ist leider ziemlich hässlich.
e Hauptstadt (städte) Berlin ist die deutsche Hauptstadt.
e Hausaufgabe (n) Wir machen zusammen Hausaufgaben.
heiraten Nächste Woche heiratet meine Schwester.
heiß Im Sommer ist es in Sizilien sehr heiß.
s Hemd, -e Unser Vater trägt gern weiße Hemde.
herrlich Im Park kann man herrlich spazieren gehen.
herzlich Herzliche Grüße von Michael.
e Hilfe Ich brauche Hilfe.
hinten Ich sitze hinten in der Klasse.
s Hobby (s) Meine Hobbys sind Lesen und Tanzen.
hoffen Ich hoffe, du antwortest bald.
hoffentlich Hoffentlich kommt er mit.
höflich Er war sehr höflich.
holen Ich hole dir eine Limonade.
hören Hörst du gern Musik?
e Hose (n) Sie trägt immer Hosen und Pullover.
hübsch Ich finde das Mädchen wirklich hübsch.
r Hund (e) Ich gehe gern mit meinem Hund spazieren.
r Hunger Wir haben Hunger.

I

e Idee (n) Das ist eine tolle Idee.
e Illustrierte (n) Möchtest du vielleicht eine Illustrierte lesen?

immer Mathe ist immer so langweilig.
in Er lebt in Italien./Wir gehen ins Schwimmbad./Der Bus kommt in fünf Minuten./Im Sommer/in zwei Jahren.
e Industrie (n) Es gibt hier nicht viel Industrie.
e Information (en) Hier kann man Informationen bekommen./Die Information ist da drüben.
s Insekt (en) Die Insekten sind nicht gefährlich.
e Insel (n) Rügen ist eine Insel.
s Instrument (e) Spielst du ein Musikinstrument?
intelligent Das ist eine intelligente Frage.
interessant Das Buch ist interessant.
s Interesse Die Leute haben viel Interesse gezeigt.
interessieren Interessiert dich das Problem?
international Es war ein internationales Publikum da.
s Internet Das findest du im Internet.
ironisch Er spricht immer so ironisch.

J

ja Kommst du mit? - Ja, gern.
e Jacke (n) Du brauchst eine Jacke, es ist kalt.
Jeans (Pl.) Sie trägt heute Jeans und ein Hemd.
jeder- e- s Wir fahren jeden Sommer nach München.
jemand Kann das jemand lesen?
jetzt Das ist jetzt nicht mehr wichtig.
s Jogging Mein Bruder geht immer zum Jogging.
r Joghurt Am Morgen esse ich Joghurt.
e Jugendherberge (n) Wir schlafen in der Jugendherberge.
r/e Jugendliche (n) Viele Jugendliche finden diese Musik fantastisch.
jung Meine Eltern sind noch jung.
r Junge(n) Der Junge ist neu in unserer Klasse.
junge Leute (Pl.) Das ist eine Anzeige für junge Leute.

K

r Kaffee Möchtest du eine Tasse Kaffee?
r Kakao Ich trinke lieber Kakao.
kalt Mir ist kalt.
kaputt Das Radio ist kaputt.
e Karte (n) Er hat mir eine Karte aus Frankreich geschrieben. /Hast du die Karten für die Oper? Sie können auch mit der (Kredit-)Karte bezahlen.
e Kartoffel (n) Ich möchte keine Kartoffeln.
r Käse Bitte ein Brötchen mit Käse.
e Katze (n) Das ist Timmy, meine Katze.
kaufen Ich möchte einen CD- Player kaufen.
r Kaugummi (s) Ich mag keinen Kaugummi.
kein- (e) Ich habe keine Lust.
kennen Kennst du Manuela?

kennen lernen Du kannst jetzt meine Freunde kennen lernen.
s Kind (er) Die Kinder spielten auf dem Parkplatz.
r Kindergarten (gärten) Meine kleine Schwester ist im Kindergarten.
s Kino (s) Kommt ihr mit ins Kino?
r Kiosk (e) Das kannst du am Kiosk kaufen.
e Kirche (n) Die Kirche ist am Marienplatz.
klappen So klappt das bestimmt.
klar Ist alles klar? Machst du das? - Klar.
e Klasse (n) In unserer Klasse sind 25 Schüler.
s Klavier (e) Spielst du auch Klavier?
s Kleid (er) Sie trägt ein rotes Kleid./Sie trägt immer sehr elegante Kleider.
klein Mein Bruder ist noch klein.
s Klima Das Klima ist dort heiß und trocken.
klingeln Du kannst bei Nummer 5 klingeln./Das Telefon klingelt.
klug Eine kluge Antwort.
kochen Mein Vater kocht für uns.
r Koffer (=) Mein Koffer ist nicht angekommen.
komisch Er hat ganz komisch reagiert./Der Film ist ganz komisch. Das ist eine komische Geschichte.
kommen Ich komme aus Schleswig-Holstein./Warum kommst du nicht mit?
kompliziert Die Übung ist ziemlich kompliziert.
können Er kann gut kochen./Kannst du Spanisch? /Warum kannst du das nicht machen?
kontrollieren Kannst du bitte meine Hausaufgaben kontrollieren?
s Konzert (e) Wir gehen ins Konzert.
r Kopf," e Der Kopf tut mir weh.
korrigieren Die Lehrerin hat meine Aufgabe korrigiert.
kosten Das kostet 20 Euro.
kostenlos Das Programm kannst du kostenlos bekommen.
krank Ich war gestern krank.
s Krankenhaus, "er Meiner Freundin geht's schlecht. sie liegt schon lange im Krankenhaus
e Kreuzung (en) An der Kreuzung müssen Sie rechts fahren.
r Krimi (s) Im Fernsehen gibt es oft Krimis.
e Küche (n) Dein Essen steht in der Küche.
r Kuchen (=) Ich mag keinen Kuchen.
r Kugelschreiber (=) Wo ist mein Kugelschreiber?
kühl Ist das Bier auch richtig kühl?
r Kühlschrank (schränke) Im Kühlschrank ist Limonade.
r Kurs (e) Er hat den Kurs nicht lange besucht
kurz Seine Haare sind kurz.

Wortliste

L

lachen Onkel Fritz lacht immer.

e Lampe (n) Die Lampe ist kaputt.

s Land (Länder) Die Bundesrepublik hat 16 Länder. Lebst du lieber auf dem Land oder in der Stadt?

e Landkarte (n) Das ist eine Landkarte von Europa.

e Landschaft, (en) Mir gefällt die Landschaft an der Nordsee.

lang Das Kleid ist zu lang.

lange Wartest du schon lange?

langsam Sprich langsam, ich verstehe dich nicht

langweilig Physik ist langweilig.

lassen Ihr könnt die Bücher zu Hause lassen./Lass mich in Ruhe.

laufen Wir laufen schnell nach Hause.

laut Die Musik ist zu laut.

leben Er lebt in Berlin. /Meine Großmutter lebt nicht mehr.

s Lebensmittel (Pl.) Hier können Sie auch Lebensmittel kaufen.

leer Die Wohnung ist leer.

legen Leg bitte die Decke auf das Bett.

leicht Die Hausaufgaben sind leicht.

leider Ich kann leider nicht kommen.

leihen Kannst du mir deinen Kugelschreiber leihen?

leise Sprich bitte leise, nicht so laut!

s Licht, (er) Mach bitte das Licht aus , ich will schlafen.

lieb Lieber Franz! Meine Lehrerin ist sehr lieb.

e Liebe Du bist meine große Liebe.

lieben Alle Eltern lieben ihre Kinder.

s Lied (-er) Kennst du dieses Lied von Falco?

liegen Da liegt ja meine Zeitung./Bonn liegt am Rhein.

e Limonade (n) Ein Glas Limonade.

lockig Lockige Haare sind schön.

los sein Was ist hier los?/Hier ist so wenig los.

e Lösung (en) Habt ihr die Lösung gefunden?

e Lust Ich habe keine Lust.

M

machen Am Samstag machen wir einen Ausflug./Das macht nichts!

s Mädchen (=) Die Mädchen spielen auch Fußball.

s Magazin (e) Das ist ein Magazin für Sportler.

s Mal (e) Wann hast du ihn zum ersten Mal getroffen?

man Hier kann man auch Eis essen.

manchmal Ich bin manchmal sehr traurig.

r Mantel (Mäntel) Er trägt einen Mantel.

r Markt (Märkte) Heute ist hier Markt./Der Bus fährt zum Marktplatz.

e Marmelade Ich esse Brot mit Marmelade.

e Maschine (n) Funktioniert diese Maschine?/Er fliegt morgen mit der ersten Maschine.

s Meer In den Ferien sind wir am Meer. Genua liegt am Meer.

meinen Ich meine, das ist zu teuer.

e Meinung Sag mir bitte deine Meinung.

meisten Die meisten Touristen wollen den Dom besichtigen.

r Mensch, (en) wenige Menschen leben auf den Halligen.

e Milch Ich mag keine Milch.

mindestens Ich habe mindestens 30 Minuten gewartet.

mitbringen Hast du mir etwas mitgebracht?

mitgehen Wir gehen alle mit.

mitkommen Kommst du auch mit?

mitmachen Warum macht ihr nicht mit?

mitnehmen Nimm mich doch mit!

r Mitschüler (=)/e Mitschülerin(nen) Meine Mitschüler ärgern mich immer.

mitspielen Er darf nicht mitspielen.

s Mittagessen (=) Zum Mittagessen kommt mein Vater nach Hause.

e Mitte In der Mitte steht ein Tisch.

e Mode, (n) Meine Oma findet diese Mode blöd.

e Modenschau (en) Die Modenschau war wunderbar.

modern Das ist nicht mehr modern.

mögen Ich mag Spaghetti und Fleisch.

möglich Kannst du kommen ? Ja, es ist möglich.

r Monat (e) Das Jahr hat zwölf Monate.

r Mond Der Mond war ganz hell.

morgen Wir gehen morgen ins Schwimmbad.

r Morgen (=) Am Morgen trinke ich nur ein Glas Saft.

s Motorrad (Motorräder) Ich kann nicht Motorrad fahren.

müde Bist du sehr müde?

müssen Mein Zimmer muss ich allein aufräumen.

s Museum (en) Wir gehen ins Museum.

N

nach Sie fährt mit dem Bus nach Berlin./ Nach dem Konzert gehen wir nach Hause./Es ist Viertel nach sechs.

r Nachbar (n)/e Nachbarin (nen) Unsere Nachbarn sind sehr nett.

e Nachricht (en) Das ist eine gute Nachricht./Jetzt kommen Nachrichten für Schüler. Jetzt kommen die Tagesnachrichten.

e Näh(e) Elmshorn ist in der Nähe von Hamburg.

r Name (n) Mein Name ist Peter Niemöller.

nämlich Ich habe die Bluse nicht gekauft, sie war nämlich zu teuer.

e Nase, n Petra hat eine kleine, süße Nase.

natürlich Du kannst natürlich bei uns schlafen.

neben Petra sitzt neben mir.

negativ Das Ergebnis ist leider negativ.

nehmen Nehmen Sie den Bus zum Marktplatz!

nervös Warum bist du so nervös?

nett Ich finde, sie ist nett und lustig.

neugierig Er ist immer so neugierig.

nie Ich war noch nie in Amerika.

niemand Kann mir niemand helfen?

noch Ich muss noch Hausaufgaben machen.

normal Das war ein ganz normaler Tag.

e Note (n) Hast du gute Noten in Englisch?

nötig Das brauchen wir nicht, das ist nicht nötig.

e Nudel, (n) Heute gibt's zum Abendessen Nudeln mit Tomatensauce.

e Nummer (=) Ich wohne in der Goethestraße, Nummer 32.

nur Ich möchte nur ein Glas Wasser.

O

oben Oben auf dem Berg ist ein Restaurant.

s Obst Wir essen immer viel Obst.

öffnen Kannst du bitte die Tür öffnen? Die Geschäfte sind am Sonntag geöffnet.

oft Wir gehen oft im Park spazieren.

ohne Ein Sonntag ohne meine Freunde ist langweilig.

s Ohr (en) Er hat große Ohren und eine kleine Nase.

optimistisch Wir sind alle optimistisch.

e Orange (n) Ich kaufe drei Kilo Orangen.

e Ordnung Du musst hier Ordnung machen. Das ist in Ordnung.

P

s Paar (e) Marianne und Uwe sind ein Liebespaar. Ich brauche ein Paar Schuhe.

ein paar Wir waren ein paar Tage am Meer.

packen Hast du den Koffer schon gepackt?

s Paket (e) Ist das Paket für mich?

s Papier (e) Wir haben kein Papier mehr.

r Park (s) Im Park kann man gut spielen.

r Pass (Pässe) Zeigen Sie Ihren Pass.

passen Das Kleid passt mir nicht mehr.

passieren Wann ist der Unfall passiert?

e Pause (n) Jetzt machen wir eine Pause.

e Person (en) Drei Euro pro Person.

s Pferd, (e) In Mecklenburg-Vorpommern gibt es viele Pferde.

e Pflanze, (n) Im Park gibt es viele schöne Pflanzen.

r Plan (Pläne) Wie findest du meinen Plan?

planen Wir planen gerade unsere Ferien.

r Platz, "e Entschuldigung, ist der Platz hier frei?

plötzlich Plötzlich war das Licht aus.

e Post Ich gehe zur Post, kommst du mit?

praktisch Dieser Tisch ist sehr praktisch.

r Preis (e) Die Preise sind ziemlich hoch./ Der erste Preis ist eine Reise nach Paris.

pro Das macht 20 Euro pro Person.

probieren Kann ich das Kleid probieren? Möchtest du den Kuchen probieren?

produzieren Er produziert auch CDs.

s Programm (e) Wir machen gerade ein Programm für die Klassenreise.

s Projekt (e) Das Müll-Projekt interessiert mich nicht.

e Prüfung (en) Die Prüfung ist nicht schwer.

r Punkt (e) Am Ende steht ein Punkt.

pünktlich Kommt bitte pünktlich!

putzen Jeden Morgen muss man sich die Zähne putzen.

Q

r Quark Ich esse gern Brot mit Quark.

r Quatsch Ich finde, das ist Quatsch!

s Quiz Das ist ein Quiz für Kinder.

R

Rad fahren Mein kleiner Bruder kann noch nicht Rad fahren.

s Radio (s) Ich habe ein Radio mit CD-Player.

e Radtour (en) Im Sommer machen wir eine Radtour nach Potsdam.

raten Das ist ein Spiel, man muss die Städte raten.

s Rathaus (häuser) Im Rathaus bekommst du auch Prospekte.

s Rätsel (=) Ich finde das Rätsel zu schwer.

rauchen In der Schule ist rauchen verboten.

r Raum (Räume) Der Raum hat zwei Fenster.

Recht haben Ich habe mich geirrt, du hast Recht.

rechts Du musst hier die erste Straße rechts gehen.

reden Sie reden immer so viel.

r Regen (=) Den Regen mag ich nicht gern.

regnen Es regnet oft.

reinkommen Bitte, komm doch rein!

r Reis Wir essen heute Reis mit Curry.

e Reise (n) Wir machen eine Reise.

reiten Reiten ist mein Hobby.

r Rest, e Behalten Sie bitte den Rest.

s Restaurant (s) Wir essen heute im Restaurant.

s Rezept (e) Das Rezept ist ganz einfach: zwei Eier, eine Kartoffel./Der Arzt schreibt ein Rezept

richtig Die Antwort ist nicht richtig.

romantisch Der Film ist sehr romantisch.

r Roman (e) Ich lese gern Romane.

r Rücken (=) Mein Rücken tut weh.

rufen Meine Mutter hat mich gerufen, darum bin ich nach Hause gegangen.

e Ruhe Er ist krank, er braucht viel Ruhe.

e Rundfahrt (en) Wir machen eine Stadtrundfahrt.

S

e Sache (n) Wo sind meine Schulsachen?/Er macht tolle Sachen.

r Saft (Säfte) Möchtest du Wasser oder Saft?

sagen Eva sagt, sie kommt heute nicht.

r Salat Am Abend gibt es immer Salat.

s Salz Hier fehlt das Salz.

sammeln Ich sammle gern Briefmarken.

r Satz (Sätze) Schreiben Sie zwei Sätze.

sauber Die Straßen sind sauber und ordentlich.

schade Du kannst nicht kommen? Das ist schade!

schädlich Zigaretten sind sehr schädlich.

scheinen Die Sonne scheint.

schenken Ich möchte Anna ein Foto von mir schenken.

schicken Ich schicke dir ein Paket.

s Schiff, (e) sie fahren mit dem Schiff nach Sylt.

schlafen Wo kann ich schlafen?

schlecht Mir ist so schlecht./Der Film ist nicht schlecht.

schließen Schließ bitte das Fenster./Der Schalter ist noch geschlossen.

s Schloss, ("er) Das Schloss ist sehr alt.

r Schluss (Schlüsse) Der Schluss ist sehr traurig.

schmecken Wie schmeckt der Hamburger?

r Schmerz (en) Ich habe große Schmerzen.

r Schnee Es gibt hier keinen Schnee.

e Schokolade Magst du Schokolade?

schon Ich habe die Hausaufgaben schon gemacht.

schön Ich finde die Landschaft hier schön.

schrecklich Ich bin schrecklich nervös.

schreiben Erika schreibt viele sms.

r Schuh (e) Ich habe neue Schuhe.

schwach Peter ist sehr schwach in Mathe.

schwer Ich finde die Hausaufgaben sehr schwer./Der Koffer ist schwer.

schwierig Die Hausaufgaben sind nicht schwierig.

s Schwimmbad (bäder) Im Sommer gehen wir oft ins Schwimmbad.

schwimmen Ich kann gut schwimmen.

r See (n) Der See ist sehr tief.

sehen Siehst du das große Haus? Da wohne ich.

e Seite (n) Das steht auf Seite 23.

selbst Das habe ich selbst gemacht.

e Sendung (en) Heute gibt es eine gute Musiksendung im Radio.

setzen (sich) Setz dich! Ich setzte mich neben Carola.

sicher Du bist sicher gut in der Schule./Ich bin sicher, dass es richtig ist.

singen Wir singen auch oft zusammen, das finde ich schön.

sitzen Er sitzt neben mir.

r Ski, (er) Ich habe neue Skier bekommen.

sofort Antworte bitte sofort!

sogar Er hat mir sogar einen Brief geschrieben.

sollen Was soll ich machen?

e Sonne Die Sonne scheint.

sonst Brauchen Sie sonst noch etwas?

spannend Das Buch ist sehr spannend.

sparen Sie hat viel Geld gespart.

r Spaß (Späße) Wir haben immer viel Spaß zusammen.

spät Mach schnell, es ist spät!

spazieren gehen Wollen wir spazieren gehen?

s Spiel (e) Ich kenne ein neues Spiel.

spielen Willst du mit uns spielen?

s Spielzeug (e) Die Kinder haben zu viel Spielzeug.

r Sport Am Mittwoch haben wir Sport.

e Sprache (n) Ich möchte Fremdsprachen studieren./Deutsch ist eine interessante Sprache.

sprechen Sie spricht mit dem Lehrer.

e Stadt (Städte) Unsere Stadt ist nicht so groß.

r Stadtplan (pläne) Ich möchte einen Stadtplan kaufen.

stark Ich hatte starke Schmerzen.

stattfinden Das Konzert findet auf dem Marktplatz statt.

stehen Was steht in der Zeitung?/Die Suppe steht auf dem Tisch./Das kleine Haus hat immer hier gestanden.

steigen Wir steigen auf den Blocksberg./ Bitte, steigen Sie jetzt in das Auto.

stellen Ich stelle die Tassen auf den Tisch.

stimmen Das stimmt.

r Strand, ("e) Im Sommer spielen wir gern am Strand Handball.

e Straße (n) Wir wohnen in der Goethestraße.

e Straßenbahn (en) Ich fahre mit der Straßenbahn.

streiten Wir streiten leider sehr oft.

s Stück (e) Willst du noch ein Stück Kuchen?

studieren Er studiert Chemie in Leipzig.

r Stuhl (Stühle) Der Stuhl ist sehr unbequem.

suchen Suchst du einen neuen Job?

e Suppe (n) Ich kann auch Suppe kochen.

süß Der Kakao ist zu süß./Der Neue ist wirklich süß!

sympathisch Ich finde Stefanie sehr sympathisch.

T

e Tafel, (n) Der Lehrer schreibt eine Wortliste an die Tafel.

tanzen Leider kann er nicht gut tanzen.

Wortliste

s Taschengeld Wie viel Taschengeld bekommt ihr?

e Tasse (n) Ich möchte eine Tasse Kakao.

r Tee Am Abend trinken wir Tee.

r Teil (e) Der Text ist sehr lang, lesen Sie nur den ersten Teil.

teilen Deutschland war 40 Jahre lang geteilt. Wir teilen die Kosten.

teilnehmen Willst du auch teilnehmen?

telefonieren Ich telefoniere oft mit meiner Freundin in Frankfurt.

r Teller (=) Ich möchte einen Teller Suppe.

r Teppich, e in meinem Zimmer liegt ein roter Teppich.

teuer Mein neues Kleid ist sehr teuer, aber es ist toll.

r Text (e) Hast du den Text verstanden?

s Theater (=) Am Sonntag waren wir im Theater.

s Tier, e Im Zoo sind viele Tiere.

r Tisch (e) Das Essen steht auf dem Tisch.

r Titel (=) Finden Sie einen Titel für den Text.

e Tochter (Töchter) Er hatte drei schöne Töchter.

toll In den Ferien war es toll.

e Tomate (n) Ich esse keine Tomaten.

e Torte (n) Zum Geburtstag gibt es immer eine Torte.

r Meine Katze ist

urist (en)/e Tou
...ouristen komme...

tragen Er trägt ei...

traurig Ich bin of...

treffen (sich) Am Nach... ...che ich meine Freunde./Wir treffen uns vor dem Café.

trinken Wir trinken gern Saft.

trotzdem Der Film ist traurig, aber ich finde ihn trotzdem gut.

Tschüss Also bis bald. Tschüss!

tun Was soll ich denn tun?

e Tür (en) Die Tür ist auf.

typisch Ich glaube, das ist typisch deutsch!

U

U-Bahn (en) Wir nehmen die U-Bahn.

üben Ich muss jeden Tag Klavier üben.

über Das Poster hängt über dem Bett. /Ich gehe über den Marktplatz.

übermorgen Das kann ich dir erst übermorgen sagen.

e Uhr (en) Hast du keine Uhr?

um Um 7.30 Uhr kommt der Zug.

e Umwelt Die Umwelt ist für mich sehr wichtig.

r Umweltschutz (nur sing) Heute zutage ist Umweltschutz sehr wichtig.

unbedingt Das musst du unbedingt lesen.

e Universität (en) Berlin hat eine berühmte Universität.

r Unsinn Wir machen immer viel Unsinn.

unten Unten im Keller sind viele alte Sachen.

r Unterricht Der Unterricht macht mir Spaß.

u.s.w. und so weiter

V

verboten sein In der Schule ist Rauchen verboten.

vergessen Ich vergesse oft die Vokabeln.

verkaufen Er will sein Moped verkaufen.

verliebt Ich bin total verliebt.

verlieren Ich habe mein Geld verloren.

verrückt Ich finde den Plan verrückt.

verschieden Meine Schwester und ich sind sehr verschieden.

e Verspätung Der Bus hatte Verspätung.

versprechen Ich komme sicher, das verspreche ich dir.

verstehen Ich verstehe dich nicht.

versuchen Du kannst es noch einmal versuchen

vielleicht Kannst du mir vielleicht helfen?/Vielleicht kommt er.

r Vogel (Vögel) Große schwarze Vögel sitzen auf den Bäumen.

von Der Computer ist ein Geschenk von meinem Onkel./Er kommt vom Arzt.

vor Ich treffe Peter vor dem Kino./Vor dem Essen muss ich telefonieren.

vor allem Ich möchte vor allem das ...sem sehen.

...n Leider sind die Ferien jetzt vorbei.

...iten Hast du alles vorbereitet?

vorgestern Wo w... du vorgestern?

vorher Um sieben Uhr fahren wir weg, aber vorher muss ich telefonieren.

vorn(e) Kleine Kinder dürfen im Auto nicht vorne sitzen.

r Vorname (n) Wie ist dein Vorname?

vorschlagen Darf ich etwas vorschlagen?

vorsichtig Seid vorsichtig auf der Straße!

W

wach Ich war schon um sechs Uhr wach.

wählen Wählen Sie eine Nummer.

wahr Ist das wahr oder nicht?

r Wald (Wälder) In Thüringen gibt es sehr viel Wald.

wandern Am Wochenende wandern wir zum Tüngelsee.

warm Gestern war es am Meer schon sehr warm.

warten Wartest du schon lange?

warum Warum antwortest du nicht?

waschen Ich muss mir noch die Haare waschen.

s Wasser Das Wasser ist so kalt./Ich möchte ein Glas Mineralwasser.

wechseln Ich möchte Dollar in Yen wechseln.

wecken Mein Vater weckt mich um 7.30 Uhr.

r Weg Können Sie mir den Weg zum Bahnhof zeigen?

wehtun Mein Kopf tut so weh.

r Wein Möchten Sie ein Glas Wein?

weinen Er war traurig und hat auch geweint.

weit Wir fahren zum See, das ist nicht weit.

e Welt Er ist in der ganzen Welt bekannt.

wenigstens Du musst aber wenigstens anrufen.

s Wetter (nur sing) Das Wetter in Norddeutschland ist im Winter oft schlecht.

wichtig Ich glaube, die Frage ist wichtig.

wieder Ich möchte wieder nach Deutschland fahren.

wiederholen Können Sie das bitte wiederholen?

e Wiese (n) Keinen Müll auf der Wiese lassen!

r Wind (e) Hier gibt es immer viel Wind, meistens kommt er von Westen.

wirklich Willst du das wirklich kaufen?

wissen Ich weiß es nicht.

wohnen Wohnt ihr dort schon lange?

e Wohnung (en) Unsere Wohnung hat drei Zimmer.

s Wort (e/Wörter) Das ist ein unbekanntes Wort.

s Wörterbuch (bücher) Ihr dürft das Wörterbuch benutzen.

wünschen Ich wünsche dir schöne Ferien.

e Wurst, ("e) Die Würste an dieser Bude schmecken prima!

Z

r Zahn (Zähne) Mein Zahn tut weh.

zeichnen Wir haben ein Plakat gezeichnet.

zeigen Zeigst du mir deine neuen Computerspiele?

e Zeitung (en) Meine Mutter liest am Morgen die Zeitung.

s Zentrum (en) Im Zentrum ist eine Fußgängerzone.

s Ziel (e) Ich war als Erster am Ziel.

ziemlich Ich hatte ziemlich gute Noten.

r Zoo (s) Ich liebe Tiere, ich gehe gern in den Zoo.

r Zucker (nur sing) Ich trinke Kaffee ohne Zucker.

zuerst Sagen Sie bitte zuerst den Vornamen.

zufrieden Mein Zeugnis ist sehr gut, ich bin sehr zufrieden.

r Zug ("e) Wir nehmen den Zug nach Köln, fliegen ist zu teuer.

zuhören Hör jetzt zu!

zuletzt Ganz zuletzt hat er aber doch gewonnen.

zumachen Mach bitte die Tür zu, bitte.

zurückkommen Ich bin gestern aus den Ferien zurückgekommen.

zusammen Wir machen zusammen Hausaufgaben.

zweimal Ich habe den Film schon zweimal gesehen, er ist wunderbar.